우리의 시간은

—

공
평
할
까

더 생 각   스스로 생각하고 만드는 내 삶을 위한 실천
인 문 학   인문학의 존재 이유는 나를 둘러싼 세상에 질문을 던지고 내 삶과 존재하는 모든
시 리 즈   삶의 의미를 확인하며 더 깊이 이해하는 데 있습니다. '더 생각 인문학 시리즈'는
         일상의 삶에 중심을 두고 자발적인 개인을 성장시키며 사람의 가치를 고민하고
가치 있는 삶의 조건을 생각하는 기회로 다가가고자 합니다.

오늘을 위해 내일을 당겨쓰는 사람들

우리의 시간은 공평할까

더 생각 인문학 시리즈 09

초판 1쇄 발행   2020년 01월 20일
초판 2쇄 발행   2020년 05월 01일

지은이 | 양승광

발행인 | 김태영
발행처 | 도서출판 씽크스마트
주 소 | 서울특별시 마포구 토정로 222(신수동) 한국출판콘텐츠센터 401호
전 화 | 02-323-5609 · 070-8836-8837
팩 스 | 02-337-5608

ISBN 978-89-6529-219-7   03330   정가 13,800원

• 잘못된 책은 구입한 서점에서 바꿔 드립니다.
• 이 책의 내용, 디자인, 이미지, 사진, 편집구성 등을 전체 또는 일부분이라도 사용할 때는 저자와 발행처 양쪽의 서면
으로 된 동의서가 필요합니다.
• 원고 | kty0651@hanmail.net

• 이 도서의 국립중앙도서관 출판예정도서목록(CIP)은 서지정보유통지원시스템 홈페이지(http://seoji.nl.go.kr)와 국
가자료공동목록시스템(http://www.nl.go.kr/kolisnet)에서 이용하실 수 있습니다.(CIP제어번호 : CIP2019048450)

씽크스마트 • 더 큰 세상으로 통하는 길

도서출판 사이다 • 사람과 사람을 이어주는 다리

우리의 시간은 공평할까

양승광 지음

카르페 디엠 - 삶을 누릴 시간을 묻는다

'카르페 디엠'(Carpe diem). 영화 〈죽은 시인들의 사회〉에
서 주인공 키팅 선생님이 시를 가르쳐주면서 되새기는
말입니다. 키팅 선생은 어느 학생에게 책을 펴서 시 한
구절을 읽도록 합니다. 17세기 초반 잉글랜드 성공회
사제이자 시인이었던 로버트 헤릭의 시입니다.

> 아직 시간이 있을 때 장미 봉우리를 따야 하리
> 옛 시간은 여전히 흘러가나니
> 여기 핀 이 꽃도 오늘은 미소짓지만
> 내일 시들어 죽어갈 테니

거대한 등불처럼 하늘에서 빛나는 태양도
높이 올라갈수록
그만큼 빨리 여로를 끝내고
해질 시간이 가까우나니

가장 좋은 나이는 한 살 때,
젊고 뜨거운 피가 흐를수록
더 안 좋은 시간이 그전의 좋은 시간을 허비
하리니

수줍어하지 말고, 지금 이 시간을 붙잡아야 하리,
할 수 있을 때 사랑해야 하리
때를 한번 놓치면,
영원히 늦어지리니.*

　키팅 선생은 한때 젊었던 학생들의 옛 사진을 보라
고 하면서, 그들이 말하는 소리를 들어보라고 합니다.
　우리 삶에서 시간을 붙잡아야 할 이유는 분명합니
다. 사랑 때문입니다. 우리 삶의 가치는 사랑하는 사람
과 사랑하는 일로만 평가할 수 있다는 말입니다. 인간
의 생명이 유한하기에, 이 기회를 허비하거나 박탈당

* Robert Herrick, 'To the Virgins, to Make Much of Time' 전문(주낙현
번역)

하는 일은 아름답지도 정의롭지 않다는 뜻입니다.

17세기의 시인은 시간을 낭비하는 젊은이들을 깨우치고 격려했습니다. 그러나 21세기에 이 책의 저자 양승광은 시간이 강제로 저당 잡히고 빼앗기는 사회 구조와 현실을 마음 아프게 고발합니다. 그도 17세기 시인의 소박한 꿈을 따라 도저한 낭만주의자이고 싶어 합니다. 그러나 우리 사회의 현실은 저자의 꿈과 사색에 상처를 입히고, 사람들을 시간의 불평등 관계로 몰아갑니다.

저자는 '사랑할 시간과 여백'이라는 렌즈로 우리 사회의 여러 곳에서 뒤틀려 흐르는 시간의 속도와 불균등을 짚어 냅니다. 시간을 약탈하는 사회 구조를 변명하려고 만든 여러 형태의 편견을 고발하고, '사랑의 시간'을 회복할 수 있는 희망을 끝까지 포기하지 않습니다. 그러나 이 책의 가치는 우리가 누려야 할 '삶의 시간'이 얼마나 중요한지를 새롭게 발견하고, 삶의 여백을 만들어 내는 일을 사회 변화의 기준으로 제시하는데에 있습니다. 참으로 소중한 출발입니다. 책장이 쉽게 넘어가지 않는 이유입니다.

이 책을 느리게 읽어야 합니다. 그 느림 속에서 펼쳐지는 우리 삶의 아픈 풍경과 사람을 깊이 바라보아야 합니다. 시간의 왜곡을 바로잡고 그 흐름을 되찾아 내는 일로 우리는 정의롭고 공평한 시간, 사랑의 시간을 붙잡을 수 있습니다.

대한성공회 서울주교좌성당 주임사제 주낙현

시간주권을 상상하다

이 책의 추천사를 써달라는 제안을 덜컥 받아들인 이유는 노동도 소득도 아니라 '시간'에 주목한다는 점 때문이다. 특히 생존을 위한 시간을 넘어 '자유를 위한 시간'에 대한 저자의 강조는 불평등 관련 기존의 접근이 놓치고 있는 아주 중요한 지점이다.

벤야민은 꿈과 이상의 새가 깃드는 느슨한 시간의 둥지가 현대 자본주의 사회에서는 점점 더 사라지고 있다고 했다. 창조적인 과정에 필요한 깊은 심심함이 종종 게으름으로 비난 받는 게 현대사회인 탓이다. 그렇게 경쟁과 성과의 잣대는 현대인을 시간의 주인이 아닌 시간의 노예로 만든다. 노동사회의 한계이다.

영화 〈노예 12년〉에서 인신매매를 당해 노예생활을 하게 된 솔로몬 노섭의 외침, "생존(survive)을 원하는 것이 아니라 삶(live)을 원한다"는 절규는, 현실 사회에서

점점 더 그 의미를 잃는다. 자유인이 되었다고 생각한 그 순간 컨베이어 벨트와 같은 직장생활이나 생산성 평가에 종종 자유를 포기해야 하는 탓이다.

저자는 생존을 위한 시간이 개개인마다 큰 차이가 있다는 것에서부터 시작한다. 가진 돈이 적어 직장으로부터 먼 곳에 주거지가 있다면 출퇴근 시간이 길어져 노동 시간이 늘어난다. 정규직에 비해 소득이 적고 자주 직장을 옮겨야 하는 비정규직은 그만큼 생존을 위한 시간이 늘어나 자유의 시간을 포기해야 한다. 집이 어려워 학자금 대출을 받고, 쪼개기 알바라도 받아들여야 하는 학생은 빚을 갚기 위한 노동 시간을 늘릴 수밖에 없다. 결국 시간은 불평등하며 개인의 노력에 의해 바뀔 수 있는 것이 아니다.

사람이 열 명인데 의자는 다섯 개에 불과한 의자놀이에서 특정 개인이 의자에 앉을 수 있다 하더라도 반드시 나머지 다섯 명은 서 있어야 한다. 노력만 하면 모두가 의자에 앉는 그런 상황은 벌어지지 않는다. 때문에 노력의 과정이 아무리 공정하게 설계되더라도 그것은 정의롭지 않으며 제도화된 불평등에 지나지 않는다.

그래서 저자는 공정한 룰에 의해 의자놀이를 하려는 자발적 강제, 즉 노동을 삶의 중심에 두고 성과와 경쟁을 우위에 두는 현대 사회를 우려한다.

노동사회가 개별화를 통해 성과사회로 바뀌면서 인간이 자기 자신을 끊임없이 착취하고, 너는 할 수 있다면서 끝없이 긍정하는 방식으로 사람을 소진시키는 과잉의 아이러니를 지적한 〈피로사회〉의 통찰과도 일맥상통한다. 그래서 저자는 시간의 주인이 된다는 것은 "언제 얼마나 노동할지 결정할 권리까지 노동하는 이에게 주는 것"이라고 주장한다. 노동의 결정권 문제는 기존의 익숙한 주제로 되돌아가는 것으로 보이기도 한다. 하지만 이것이 시간주권의 문제라면 저자의 방향은 일관된다.

그래서 "창조하는 시간이 삶의 중심이 된다면 상황은 180도 바뀝니다. 노동 시간도 창조를 준비하는 나의 시간으로 바뀝니다. 창조하기 위해 소득을 벌어들이는 시간으로 노동 시간의 정체성이 바뀌"어야 한다는 사고의 전환은 저자의 지향으로 읽힌다. 분투하는 삶을 넘어서 잉여로울 권리가 저자가 목적지인 것이다.

이 책을 시작으로 저자의 시간에 대한 주목이 더 깊어지기를 바란다. 다음 걸음이 궁금하다. 소득이나 노동을 넘어 인간으로서의 자유와 사람다움, 노동사회를 넘어선 새로운 지평에 대한 통찰로 넓어지기를 기대한다.

경기도 성남시장 은수미

인간다운 삶을 향해

삶은 달리기에 비유되곤 하지만, 알다시피 그 출발선의 위치와 트랙의 형태는 같지 않다. 노동에 쏟은 시간의 분량과 노력의 밀도와 상관없이 우리는 조금씩은 패배자로 태어나 패배자임을 확인하며 살아가는 것인지도 모르겠다. 그럼에도, 우리는 우리 삶의 배교자가 될 수 없다. 꿈이 있기 때문이고 누군가의 꿈을 책임지고 있기 때문이다. 노동자로 살면서 우리가 잊지 말아야 할 것이 생존 자체가 아니라 생존을 전제로 한 인간다운 삶임을, 양승광의 『우리의 시간은 공평할까』를 읽으며 되새겨본다. 한 권의 책은 그렇게 의미를 갖는다. 당연히 알고 있다고 믿었던 신념이 실은 당연히 잊히고 있었다는 것을 자각하며 새롭게 인지하는 것…. 노동자가 아닌 사람은 없다. 노동자의 하루 끝에서 이 책은 자유와 희망을 이야기할 수 있는 또 하나의 동반자가 되어줄 수 있을 것이다.

소설가 조해진

정의를 향해 내딛는 한 걸음

저자가 (사)갈등해결과대화와 인연을 맺은 십 년의 시

간 동안 보여준 냉철하면서도 따뜻한 시선이 책에 녹아든 것 같다.

이 책이 반가운 것은 정의를 이야기하면서도, 옳고 그름에만 매몰되지 않았다는 점이다. 저자는 무심코 바라봤던 현실들에 대해 불공정하다고 지적하면서도, 정의를 "여부(Yes or No)가 아닌 농도의 문제"라고 이야기한다.

하지만 이것을 타협적이라거나 체념적인 태도라고 볼 수는 없다. 오히려 그 반대로 보인다. 저자는 지금의 현실을 "'기껏 한 걸음'이 아니라 '시작되는 한 걸음'"으로 인식하고 있기 때문이다. 그래서 그는 절망적인 현실에서도 삶을 확률 속에 가두지는 말자고 이야기하며, 배제에서 벗어나기 위해 또 다른 배제를 선택하지는 말자고 한다.

차이와 대립이 극단과 혐오로 비화되는 요즈음, 우리가 어떤 사회를 만들어야 할지 질문을 던지는 책이다.

(사)갈등해결과대화 상임대표 전상희

세상에
공평한 게
있긴 할까

작년 말. 생각지도 않은 고민에 부딪힌 경험이 있습니다. 큰아이의 유치원을 결정해야 할 시기가 됐는데, 영어유치원이 선택지 중 하나로 들어온 것입니다. "돈이 넉넉하지는 않지만 보낼 수 있으면 좋겠다." 물론 이 생각은 당연히도 바로, 머리 밖으로 튕겨 나갔습니다. 영어유치원을 후보로 고려해본 시간? 아마도 3초를 넘기지 못했을 겁니다.

하지만 이건 제게 충격적인 사건이었어요. 결혼하기 전부터 우리 아이들에게 사교육은 최소한으로 하겠다는 원칙을 세웠는데, 아내님과 합의를 보기까지 했는데, 영어유치원이 선택지로 들어오다니요. 내 안에 어떤 공포가 있는 것일까, 내 안에 어떤 욕망이 있는 것일까 살펴보는 계기가 되었습니다. 뒤처져서는 안 된다는 공포 아니었을까요? 내 딸아이가 좀 더 행복하게 살았으면 하는 욕망 아니었을까요?

아주 오래 전 〈행복은 성적순이 아니잖아요〉라는 영화가 있었습니다. 정말로 그랬으면 좋겠는데…. 지금 우리가 사는 세상, 그러지 못한 것 같습니다. 아니, 성적이 좋아도 행복하기가 힘들고, 이에 앞서 부모가 가진 게 적으면 성적이 좋기도 쉽지 않으니까요. 모두 노력하는 시대에 산다는 말은 노력으로 무언가를 바꾸기가 힘든 시대에 산다는 말과 같을지도 모릅니다.

행복이란 무엇일까요? 내게 주어진 시간을 충분히 누릴 수 있는 상태일 겁니다. 많은 것을 바라지는 않습니다. 일정 시간 노동을 통해 소득 활동을 하고, 나머지 시간에는 소비를 하며 내가 살아 있음을 느끼는 것. 노동하는 만큼 존중을 받는 것. 노동을 통해 미래를 꿈꾸는 것. 정말로 별게 아닙니다. 어쩌면 저는 노동의 본래 목적을 반복하며 이게 행복이야, 하고 있는지도 모르겠습니다. 문제는 이 당연한 것들이 낯설게 느껴진다는 점입니다.

이 세상은 불공평하다고들 말합니다. 불평등이 점점 심해지고 있다고 말들을 합니다. 공평한 건 시간뿐이라고, 그것뿐이라고 말을 합니다.

하지만 시간이라고 공평할까요? 하루 24시간. 모두가 동일한 시간 속에 산다 하여 공평하다고 말할 수 있을까요?

우리가 누리는 시간에 대하여

인간이란 생존 이상의 자유를 목적으로 하는 존재일 테지만, 우리 삶은 생존에 매여 있습니다. 삶의 대부분을 차지하는 노동 시간은 그야말로 생존 자체를 위한 시간에 불과하니까요. 자유를 위한 시간은 그가 처해 있는 신분과 환경에 따라 달라집니다. 자유를 위한 시간뿐일까요? 노동 시간도 내가 얼마나 가졌는지, 내 신분이 무엇인지에 따라 가치가 달라집니다. 이 모두가 삶의 불평등이며 시간의 불평등입니다. 신자유주의는 불평등을 심화합니다. 그래서 저는 우리의 시간, 우리가 누리는 시간에 관해 말을 걸고 싶어졌습니다. 아주 가볍게 말이죠.

당신께 뭐라 말을 걸어야 할지 많이 고민했습니다. 불평등한 현실을 나열하는 것만으로는 재미도 없거니와, 이미 좋은 책이 많이 나와 있거든요. 그보다는 절망적인 현실만 재확인하게 될까 봐 겁이 났습니다. 그렇다고 현실에 눈을 감을 수는 없습니다. 눈감은 채 하는 말들은 허공만 떠돌 테니까요.

그래서 저는 그 중간에서 외줄을 타보기로 했습니다. 하지만 외줄타기가 쉬운 일이 아님을 압니다. 그래서 더 정성을 들였습니다. 이 문제들에 대해서 많은 사람들과 함께 생각해보고 싶었거든요.

이 책은 총 여섯 개의 장으로 구성되어 있습니다. 1장 맨 처음에 적힌 "시간은 누구에게나 공평하다"라는 문장이 이 책을 쓰게 만들었습니다. '정말일까?', '진짜 공평할까?'라는 의심이 들었습니다. 어렸을 때부터 진리라고 믿어왔던 시간의 공평함, 이것에 대해 고민한 내용이 1장입니다. 결론요? 우리가 누리는 시간은 공평하지 않다는 것입니다.

2장에서 4장까지는 노동을 둘러싼 시간의 불공평에 관한 내용입니다. 먼저 2장에서 다룬 부분은 직장인의 노동 시간입니다. 노동과 근로는 어떤 차이가 있는지, 왜 우리의 노동 시간은 길어지는지, 왜 우리는 노동 시간보다 더 힘든 출퇴근 시간을 견디고 있는지, 왜 같은 시간을 일한다 해도 누릴 수 있는 시간이 달라지는지 써보았습니다.

3장은 비정규직이 처한 시간의 불공평에 관한 내용입니다. 2장 안에서 비정규직을 다루고 끝내기에는 하고 싶은 말이 좀 더 남은 탓에, 새로운 장으로 준비했습니다. 비정규직의 진짜 의미가 무엇인지, 그리고 우리 사회에서 비정규직이 차별적 신분이 되어버린 것은 아닌지, 비정규직이라는 고용 형태가 우리의 시간을 어떻게 갉아먹고 있는지 생각해보았습니다. 또 일부에서는 비정규직의 정규직 전환이 불공정하다는 주장을 하고 있어, 여기에 관한 제 의견도 남겨두었습니다.

4장은 노동을 준비하는 취업준비생의 시간에 관한 내용입니다. 학자금 대출로 내일을 미리 당겨쓰게 되는 건 아닌지, 아르바이트라는 노동이 어떻게 차별받고 있는지 적었습니다. 그리고 취업을 준비하는 시간이 과연 모두에게 공평하다고 말할 수 있는지에 관해서도 생각해보았습니다.

이렇게 불공평한 현실이 정당화되는 이유는 무엇일까요? 모든 원인을 개인의 게으름에 돌리고 있기 때문이 아닐까요? 여기에 관한 설명이 5장의 내용입니다. 저 역시 게으르다는 말을 참 많이 들어왔던지라 자세히 생각을 풀어봤습니다. 게으름의 조건은 무엇인지, 왜 이렇게 게으르다는 비난이 일상에서 많이 오가는지 말입니다. 결국 이 사회에서는 게으름과 노력이 동의어처럼 쓰인다는 게 저의 최종적인 판단입니다.

6장은 이 책의 결론입니다. 분명히 나의 시간이고 내 삶을 이루는 시간인데 내 것이 아닌 것만 같은 느낌적인 느낌. 간간이 겪지 않으셨나요? 그래서 시간의 주인으로 산다는 것은 무엇인지, 인간다운 생활은 무엇인지 풀어보았습니다.

이 책은 차례대로 읽어도 좋겠고, 맘에 드는 목차부터 읽어도 상관은 없습니다. 어떤 말을 하고 싶은지 빨리 알고 싶다면 1장과 6장을 먼저 읽는 것도 방법입니다. 그리고 이 책에서는 '근로' 대신 '노동'이라는 말을 사용했습니다. 노동이라는 단어를 더 좋아하거든요. 그 이유는 2장 맨 처음에 나옵니다.

이 책을 쓰면서 몇 가지 바람이 있었습니다. 불편한 현실에 눈감지 않으면 좋겠다. 바꾸겠다는 생각은 너무 큰 용기를 요구할지도 모르니, 그냥 눈 뜨고 똑바로 볼 수만 있으면 좋겠다. 이 책이 지금의 현실을 보는 데 도움을 줄 수 있으면 좋겠다. 그런 바람이었습니다.

같은 것을 볼 수만 있다면 함께 이야기하게 될 테니까요. 그러면 또 누가 아나요? 이 현실이 조금이라도 바뀌게 될는지. 모든 변화는 대화에서 시작되니 말입니다.

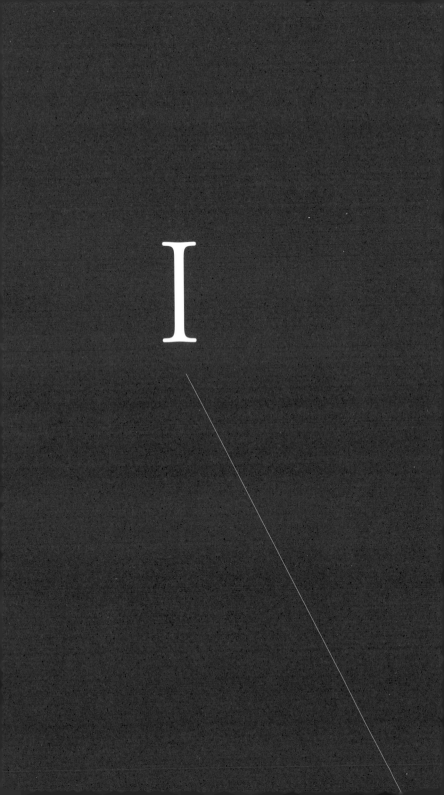

I

우리의 시간은 공평할까

누구에게나
주어진
시간은
같으니까

시간은 누구에게나 공평하다

헛된 시간이 없기를! 우리는 시간의 양에 따라 적정한 성과를 기대하지요. 그게 자신이건 타인이건 상관없이 말입니다. 공식으로 만든다면 [시간+노력=성과]쯤 되겠네요. 여기서 시간이 동일하다면? 성과는 오로지 노력에 좌우됩니다. 이 공식에서 독립변수로 남는 건 노력뿐이죠.

하지만 노력을 똑같이 한다고 결과가 같아지는 건 아닙니다. 사람마다 역량이 다르니까요. 역량뿐인가요? 가장 강력한 건 운(luck)일지도 모르죠. 운칠기삼(運七技三)이라는 말도 있듯이. 그렇게 본다면 공식은 약간 수정될 필요가 있습니다. [(시간+노력)×역량+운=성과]로 말이죠. 이 공식에서 독립변수는 세 개입니다. 노력, 역량 그리고 운. 그렇다면 시간은? 상수입니다. 항상 누구에게나 동일하다는, 공평하다는 전제인 거죠.

그런데, 그런데 말입니다. 시간은 정말로 누구에게나 공평할까요?

시간은 공평하다. 전 어렸을 때부터 이 말을 진리라고 믿어왔습니다. 아니, 여기에는 '믿음'이라는 어휘조차 어울리지 않습니다. '믿음'은 믿지 않을 가능성을 내포하니까요. 하지만 이 말을 언제 들었는지, 누구에게 들었는지에 대해서는 아무 기억이 없습니다. 그저 추측해보자면, 초등학교 시절 선생님께 들은 게 아닐까 싶습니다. 이렇게 추측하게 된 데는 다음과 같은 과정을 거쳤습니다.

그때 선생님은 왜 그렇게 말했을까

이런 말을 할 사람을 추려보니 딱 두 분이 나오더라고요. 아버지, 아니면 선생님.

아버지를 먼저 떠올렸지만 아니라는 결론을 내렸습니다. 지금과 마찬가지로 그때 역시 아버지의 경제적 사정은 넉넉하지 못했거든요. 그러한 상황에서 아들에게 이 명제를 주입한다는 건 둘 중 하나를 의미합니다. 당신의 삶에서 물적 성취가 달성하고픈 다른 여러 항목 중 동등한 가치를 가지는 하나에 불과하든가, 혹은 당신께서 어린 아들에게 실패를 고백할 수 있는 넉넉함을 갖추었든가 말입니다. 하지만 어렸을 적 아버지를 떠올린다면 어느 경우에도 들어맞지 않았습니다.

첫째, 물질을 향한 아버지의 욕망은 소소하지 않았습니다. 당신이 가지신 것과는 무관하게 말입니다. 제 눈에 비친 아버지는 단시간에 부자가 되기를 소망하는 분이셨거든요. 아버지는 월급쟁이 수금 사원에서 부동

산 중개업자로 직업을 바꾸셨을 뿐 아니라, 어렵게 소유하게 된 아파트의 장래 가치를 너무 일찍, 가족이 단한 번도 입주하지 않은 상태에서 판단하셨습니다. 성급한 판단은 아파트의 이른 매각으로 이어졌고, 이는 얼마 지나지 않아 후회를 불러일으켰죠. 어머니의 "한번도 살아보지 못한 아파트"라는 표현은 가족의 경제적 어려움을 넘어 아버지의 성급한 판단에 대한 질책을 담고 있었습니다. 성급함은 개인의 기질에서 도출될 수도 있지만, 주체가 가진 욕망의 크기에 비례할 수도 있습니다. 아버지의 평소 성격은 급하지 않았던 것으로 기억합니다. 부자가 되고픈 욕망이 컸던 거죠. 물론 얼마만큼의 재산을 가져야 부자라고 생각하는지는 사람의 처지에 따라 달라지지만 말입니다.

둘째, 아버지는 어린 아들에게 완벽한 사람이어야만 했습니다. 자신의 실패를 인정할 수 있는 넉넉함이란 허용되어서는 안 될 것이었습니다. 하지만 실패에 대한 인정의 어려움은 아버지의 것만이 아니었으리라 생각합니다. 1980년대 젊은 나이대의 아버지들, 그분들이 이러한 성품을 지닐 수 있었을까요? 쉽지 않습니다. 설사 갖추었다고 해도 어린 아들을 향해 이러한 태도를 보여주는 일은 드물 뿐 아니라 어려운 일입니다. 이

건 성품이나 태도를 넘어서는 문제예요. 그 시대가 가졌던 이상적인 아버지상에 어긋났기 때문입니다. 아들에게 아버지는 항상 옳을 뿐 아니라 강하다고 '여겨져야 하는' 존재였거든요.

그러니 선생님이셨으리라 생각하게 된 겁니다. 선생님은 제게, 혹은 반 아이들 모두에게 왜 시간이 공평하다고 말했을까요? 이 세상은 노력한 만큼 성과를 얻는 공정한 곳이라고 믿게끔 하고 싶어서였을지 모릅니다. 혹은 성적 부진을 온전히 학생의 탓으로 돌리고 싶어 그랬을 수도 있겠네요. 어느 쪽이라도 상관은 없었을 거예요. 제게 하루의 시간은 스물네 시간이었으며, 짝꿍에게도, 일 년간 말 한 번 섞어보지 않은 맨 뒷줄 아이에게도 그랬으니까요. 일주일이 칠 일이라는 것도, 일 년이 삼백육십오 일로 이루어진다는 것도 마찬가지죠. 주어진 시간이 같다는 건 학생뿐만 아니라 이 말을 던진 선생님에게도, 윗사람인 교장선생님에게도 해당합니다. 그러하기에 어린 소년에게 "시간은 누구에게나 공평하다"라는 명제는 참으로 받아들여졌을 겁니다. 의심의 여지는 기대할 수도 없이 말이죠.

시간의
성격에
대한
이야기

하루 스물네 시간, 일주일 칠 일, 한 달 삼십 일, 일 년 삼백육십오 일. 모두에게 적용되는 동일한 척도. 하지만 이것으로 시간이 공평하다고 말할 수 있을까요? 집집이 똑같은 저울을 가졌다고 해서 쌀독에 들어 있는 쌀의 양이 같다고 볼 수 없는 것처럼, 아예 다른 이야기일 겁니다. 척도의 동일성이 몫의 동일성을 담보하지 못한다는 말입니다. 그렇다면 '시간이 누구에게나 공평하다' 역시 잘못된 명제일까요? 고민이 시작됩니다. 그런데 시간이란 무엇일까요? 공평한지를 따지기 전에, 시간의 성격을 먼저 생각해봐야겠습니다.

시간은 욕구의 대상일까?

우리는 시간이 없다는 말을 달고 살지요. 시험을 앞둔 사람들은 책상 한쪽에 'D-000'만 큼지막하게 적혀 있는 탁상용 D데이력을 놓아둡니다. 벽에 달력이 없는 것도 아닌데 말이죠. 일의 마감 기한을 코앞에 둔 사람들, 눈이 자꾸만 모니터 오른편 아래 시계로 향합니다. 키보드 위를 오가는 손가락의 빠르기만큼이나 시간을 확인하는 빈도 역시 잦아지죠. 불안과 초조에 비례해서 시간이 정말 빠르게 흘러가는 순간입니다. 시간은 욕구의 대상이 됩니다.

시간의 욕구 대상성을 설명하기 위해 반드시 일이나 성과를 연결해야만 하는 건 아닙니다. 성과와 무관하게, 오로지 그 시간 자체가 목적인 경우에도 우리는 더 많은 시간을 필요로 합니다. 시간은 항상 부족하게만 느껴집니다. 학창 시절 친구들과 노래방을 갔을 때도 그러했고, 사랑하는 이와 데이트하던 시간 역시 그랬습니다.

하지만 정반대의 순간들이 있습니다. 난로 옆에 놓인 엿가락처럼 한없이 길게만 늘어나는 시간들. 중학생 시절, 책상 위에서 무릎을 꿇고 의자를 들던 그때, 딱 20분이던 시간은 느리기만 했습니다. 시간이 더뎌지는 때는 육체적 고통 위에 놓여 있는 순간들로만 한정되지 않습니다. 오랜 기간 짝사랑을 하며 애만 태우다 어렵게 데이트 약속을 잡은 사람이라면 어떨까요? 약속 날짜가 내일모레라면? 이틀은 이 주 혹은 두 달처럼 느껴집니다. 설렘에 잠도 오지 않아 시간은 더욱더 더뎌집니다. 약속 시각 즈음에는 시간이 정지한 것만 같습니다. 상대방이 약속 장소에 나타날 때까지 시간은 무한에 가까워집니다. 시간을 버리고만 싶겠지요. 우리가 항상 시간을 원하는 건 아닙니다.

시간을 좀 더 넓혀볼까요? 삶을 한 덩어리로 본다면,

우리의 시간은 공평할까

시간은 확실히 욕구의 대상입니다. 우리의 삶은 시간으로 이루어져 있으니까요. 삶이 종료되는 순간 시간 역시 마침표를 찍습니다. 나의 시간뿐일까요. 개별적 삶이 끝나는 순간 이 세상의 시간도 멈춰버립니다. 세상은 내가 있기에 존재합니다. 개똥밭에 굴러도 이승이 낫다. 시간은 확실히 더 가지고만 싶은 대상입니다.

하지만 인생을 고통의 바다라고 생각하는 사람이라면 어떨까요? 불교에서 이야기하듯 말입니다. 삶의 순간순간이 너무나 고통스러워서 미칠 지경이라면? 삶이 일찍 끝났으면 하지 않을까요? 내세를 믿는지 여부와 무관하게 말입니다. 이 대목에서 그 역시 삶을 지속했으면 하는 바람을 가지고 있다고, 그렇지 않다면 자살했을 거라고는 말하지 않았으면 합니다. 이런 반론은 자살을 행할 수 있는 용기라는 다른 차원의 문제를 간과한 것에 불과하니까요. 타인의 고통에 관한 예의 없음은 논외로 한다고 해도요.

결국 시간은 욕구의 대상일 수도, 그렇지 않을 수도 있습니다. 그리고 사람에 따라, 같은 사람이라고 하더라도 그가 처한 상황에 따라 달라집니다.

시간은 물질로 바뀔 수 있을까?

자본주의 사회는 돈을 체제의 근본으로 삼고 있습니다. 가능한 한 모든 것을 물질로 바꾸려고 하지요. 사람의 욕구도 마찬가지입니다. 욕구가 물질로 치환되는 거죠. 아니, 앞뒤가 바뀌었을 수 있습니다. 욕구로 인해 자본주의가 태동하고 발전했다고 할 수도 있죠. 어찌 됐건 자본주의는 물질을 통해 사람들의 욕구를 창출하고, 욕구를 만족시킵니다. 그렇다면 자본주의 사회에서는 시간 역시 물질로 바뀌는 걸까요?

PC방 시간당 육백 원, 노래방 시간당 만 원. 시간 역시 물질로 바뀔 수 있는 것만 같습니다. 하지만 PC방과 노래방보다 더 확실한 예가 있습니다. 시간의 길이가 아닌 시기에 따라 가격이 바뀌는 예, 방송 광고와 호텔 숙박료입니다.

광고의 목적은 욕구를 만들어내는 것입니다. 기업들은 광고를 통해 무언가에 대한 욕구를 창출하고, 사람들은 광고를 통해 무언가를 원하게 됩니다. 그 무언가가 이전에는 전혀 필요하다 생각되지 않았더라도. 누군가는 광고가 인간의 숨겨진 욕구를 찾아내 주었다고 하겠지만, 설령 그 말을 묵묵히 받아들여 줄지라도, 광고가 밝혀주는 인간의 욕구는 광고주에게 이윤을 가져

다주는 욕구에 한정될 뿐입니다.

광고 중 상당 부분을 차지하는 것이 텔레비전을 통한 방송 광고입니다. 방송 광고 비용은 방송 프로그램의 시간대에 따라 달라집니다. 예를 들면 평일 낮보다는 주말 초저녁 시간대의 송출료가 더 비쌉니다. 프로그램의 시간대뿐 아니라 광고와 프로그램의 시간적 밀접성도 광고료를 좌우합니다. 방송 프로그램 중간에 붙는 광고가 시작 전이나 종료 후에 붙는 광고보다 비싸니까요. 시기에 따라 가격 차이가 존재하는 겁니다. 호텔의 숙박료 역시 마찬가지입니다. 비수기보다는 성수기의 숙박료가 훨씬 비싸지요.

시간도 물질로 바뀐다는 것, 그럴듯하지만 의심이 필요합니다. 그냥 수긍해버리기에는 어딘가 찜찜하거든요. PC방과 노래방에 컴퓨터와 기계가 없다면 이용료라는 건 있을 수 없습니다. 아예 PC방이나 노래방이 되지도 못하는 빈 곳이겠죠. 시간에 무언가가 동반되어야 하는 것, 정확히 말하자면 무언가에 시간이 얹힌 것입니다. PC방, 노래방 같은 시설만이 아니죠. 먼 옛날 수렵 채집 시절에도 마찬가지. 식량을 구하기 위해서는 수고에 더불어 시간이 동반되어야 하니까요. 무언가에는 항상 시간이 얹혀 있다는 것. 이것은 원리나

진리라고 부르기에 민망한 사실이죠. 생산뿐 아니라 소비에도 시간이 필요하며, 생산과 소비가 아닌 무언가에도 시간은 수반됩니다. 그렇다면 PC방, 노래방에 지급되는 시설 이용료를 가지고 시간이 물질로 치환된다고 이해하는 건 무리입니다.

　방송 광고료와 호텔 숙박료 역시 마찬가지. 주말 초저녁 방송 광고료가 더 비쌀지라도 광고주들이 그 시간을 사는 이유. 주말 초저녁의 시간대라서가 아니라 더 많은 사람에게 자신의 광고를 보여주기 위해서입니다. 주말 초저녁의 예능 프로그램을 좋아하는 사람들, 시청하는 사람들이 더 많기에 나타나는 결과일 뿐이죠. 만일 다른 시간대와 시청률 등이 동일하다면 요금 역시 같을 겁니다. 호텔의 숙박료가 차이 나는 원인 역시 마찬가지. 사람들의 휴식 욕구, 그리고 휴가를 낼 수 있는 시기가 몰려 있는 탓이죠. 그렇지 않다면 성수기도 비수기도 없었겠지요.

시간은 가질 수 있는 것일까?

2011년에 개봉한 〈인 타임〉이라는 영화. 보셨나요? 저스틴 팀버레이크가 주연을 맡았습니다. 아직 못 보신 분들을 위해 스포일러는 피하지요. 콘셉트만 말씀드릴

게요. 모든 인간은 시간을 가지며, 주고받는 것도, 빼앗는 것도 가능합니다. 영화 속에서의 인류는 25세가 되면 노화를 멈추고, 팔뚝에 새겨진 시계에 1년의 시간을 제공받습니다. 이 1년은 그의 남은 수명이기도, 재화나 서비스를 거래하는 수단이기도 하지요. 노동으로 시간을 벌어들이고, 소비로 시간을 지출합니다. 삶을 유지하기 위한 소비는 아이러니하게도 수명을 단축시키게 되죠. 식사를 하면 6분, 커피를 사면 4분, 남은 수명이 줄어드는 식입니다. 시간이 모두 소진되는 순간 사람들은 심장마비를 일으킵니다. 죽는 것이지요. 반대로 부자들은 영생을 누릴 수도 있습니다. 사람들은 자신의 삶을 늘리기 위해 노동을 합니다. 물론 대출을 받기도, 타인의 시간을 빼앗기도 하고요. 지금의 자본주의 사회와 상당히 비슷합니다. 영생이 있을 수 없다는 점만 빼면 말이죠.

보시다시피 이 영화의 장르는 SF(Science Fiction), '공상 과학'입니다. '공상 과학'은 현시대의 과학으로는 이룰 수 없는, 미래의 과학으로는 가능할지 모르는 상태를 의미합니다. 현실과 상당히 닮아 있음에도 이 영화가 SF인 이유. 시간만을 주고받는 것은 불가능하기 때문입니다. 하지만 미래의 과학이 도래한다고 할지라도 시간을 주고받는 것이 가능해질까요? 아닐 겁니다. 아마도 이 영화의 장르를 우리말로 표현한다면 '공상 과학'보다는 '과학적 허구'가 더 적절해 보입니다. 앞으로도 결코 이루어질 것 같지 않으니까요.

물론 시간을 가질 수 있다고 생각할지도 몰라요. 병원에 가거나 운동을 하면서 나를 더 건강하게 만들 수 있으니까요. 건강을 유지한다는 것, 그리하여 내 수명을 늘린다는 것은 내가 가진 삶의 시간을 연장하는 일이니까요. 하지만 나의 시간이 늘어난다고 할지라도 타인의 시간이 줄어들진 않습니다.

인간에게
‘시간’은
‘삶’과
　동의어

원할 수도, 원하지 않을 수도 있고, 거래할 수 없어 물질로 바꿀 수도 없는 시간. 이러한 시간을 공평하다고 말할 수 있을까요? 그런데 공평하다는 건 뭘까요? 국어사전의 풀이부터 확인해보죠. "어느 쪽으로도 치우치지 않고 고름." 살아 있는 모든 존재에게 하루가 24시간이니 시간이 누구에게나 공평하다고 할 수 있을까요?

'공평'의 풀이를 응시할 필요가 있습니다. 어느 쪽으로 치우치지 않는다는 것, 그리고 고르다는 것. 고르다는 말은 어느 한쪽으로 치우칠 수 있다는 것, 고르지 않은 상태가 가능하다는 것을 전제로 합니다. 게다가 '공평한'이라는 형용사에 잘 어울리는 명사는 '분배' 혹은 '배분'입니다. 이에 공평하다고 말하기 위해서는 그것을 주고받을 수 있어야 합니다. 하지만 우리는 주고받을 수 없는 것이 시간임을 이미 알고 있습니다. '시간은 누구에게나 공평하다'라는 관념은 거짓에 불과합니다.

그렇다고 '시간은 불공평하다'라고 말할 수 있을까요? 물론 사람마다 수명이 다르니 각자가 가진 삶의 시간이 다른 건 당연합니다. 하지만 이것으로 불공평하다 말하는 건 무리입니다. 인간의 수명을 시간 불평등의 증거로 들이대는 순간, 불공평을 조장한 존재가 누구인가에 관한 질문에 부딪힐 테니까요. 이것은 신이 있는가에 관한 물음입니다. 현실 세계의 영원한 불가지론이지요. '시간은 불공평하다'라는 명제 역시 거짓입니다.

결국 시간을 가지고 공평함을 논할 수는 없습니다. 허무할지 모르지만 말입니다.

허무함을 딛고 질문을 하나 더 던져봤으면 합니다. 그렇다면 왜 '시간이 누구에게나 공평하다'라는 명제를 아무런 의심 없이 받아들였을까요?

시간이 공평하다는 명제에서 시간은 재료입니다. 빵하나를 만들 때 들어가는 밀가루, 계란, 버터, 물처럼 말이죠. 무언가를 만들어내기 위한 물질의 재료로서의 시간입니다. 물질이 만들어지는 과정에서 시간은 필수적이니까요. 이것을 의심할 사람은 없습니다.

하지만 시간의 '주된' 성격을 물질의 재료라고 인식하는 건 위험합니다. 인간에게 시간은 삶과 동의어이기 때문입니다. 만일 시간의 주된 성격을 재료로 파악한다면, 목적이 되는 물질에 인간이라는 수단이 봉사한다는 결론이 도출됩니다.

인간이 물질 주변부로 소외된 상태. 이것을 우리는 물질만능주의라고 부릅니다. 임마누엘 칸트(Immanuel Kant)가 말했죠. 모든 인간은 수단이 아닌 목적 그 자체로 여겨져야 한다. '시간은 누구에게나 공평하다'라는 말이 마음속에 잡은 자리의 크기만큼, 무언가 달성하고 만들어내야 할 것들이 커지는 만큼, 우리의 삶 속에서 나 자신은 사라지게 됩니다. 사라지는 것은 나만이 아닙니다. 타인 역시 내 삶에서 사라지게 됩니다. 자기 자신이 없다면 타인 역시 없을 테니까요.

의미 있는
시간을
보내고 싶다

"그녀의 자전거가 내 가슴속으로 들어왔다."

한 의류 브랜드의 광고 카피입니다. 1993년에 나온 이 카피는 16년이 지난 지금까지도 광고에 쓰이고 있습니다. 저는 이것을 뛰어넘는 광고 카피는 나오지 않았고, 앞으로도 나오지 않으리라 봅니다.

이 광고에서 자전거를 의미 있게 하는 것은 자전거의 디자인이나 기능, 브랜드나 가격이 아닙니다. 자전거를 타고 달리는 그녀. 그녀가 타고 달리기에 자전거가 의미를 띠게 됩니다.

그녀가 따릉이를 타고 있었다면 어땠을까요? 아마도 서울 시내 곳곳에 뿌려져 있는 따릉이 보관소를 지날 때마다 그녀가 생각날 테죠. 따릉이 안장에 무언가 더러운 것이 묻어 있다면? 손수 닦아주고 싶지 않을까요? 누가 쳐다보면 이상하게 생각할까 봐 보관소 앞에서 망설이고 있을지도 모릅니다. 억지스럽다고요? 따릉이가 돌고 돌다 사랑하는 그녀가 모른 채 올라탈지도 모르는데, 그냥 지나치는 게 쉬운 일일까요? 아마 고민하다가 지나친 상상이라고 생각하고는 그 앞을 떠나겠죠.

이 광고 카피는 김춘수의 시 '꽃'의 새로운 버전일

겁니다. 카피라이터가 '꽃'을 매우 좋아하는 사람이 아니었을까 추측도 합니다. 시인 김춘수는 '꽃' 첫 연부터 독자들의 마음을 훔쳐버리죠.

내가 그의 이름을 불러주기 전에는
그는 다만
하나의 몸짓에 지나지 않았다.

아쉬운 건 시인이 독자들을 못 미더워했다는 점이죠. 독자들의 독해력을 의심했는지 그는 다음 연부터 구구절절 첫 연을 해석해주고 있습니다. 급기야 마지막에 가서는 시의 은유성마저 포기해버립니다.

우리들은 모두
무엇이 되고 싶다
너는 나에게 나는 너에게
잊혀지지 않는 하나의 눈짓이 되고 싶다.

내 삶이 정서적으로 풍요로워지는 시간

하지만 문학에 무지렁이인 제가 시의 작품성을 논할 바는 아닙니다. 오히려 자세히 풀어준 시인에게 고마워해야 할 일이죠. '꽃'의 마지막 연을 더 생각해봤으면 합니다. 나는 너에게 무언가 의미 있는 존재가 되고 싶다. 하지만 의미가 있고픈 대상이 소박하게 '너' 한 사람뿐일까요. 굳이 관심에 목마른 사람(이런 사람을 재미 삼아 '관종'이라 부르기도 합니다만)이 아니더라도 우리는 좀 더 많은 사람에게 의미 있는 누군가가 되기를 원합니다. 타인을 통해 스스로의 존재를 확인하고픈 욕망을 가집니다.

지금은 이 세상에 없지만, 회사에 들어가서 가장 친하게 지낸 친구 Y가 있었어요. Y와 저는 만나자마자 급속도로 친해졌습니다. 나이도 같았던 데다 고시에 실패하고 입사했다는 공통점 때문이었을 겁니다. Y는, 놀랍게도, 결혼 1주년을 기념하여 회사에 사표를 던졌는데, 그 당시 Y가 꾸준히 제게 했던 말이 있습니다.

"내 시간이 좀 더 의미 있었으면 좋겠어."

시간이 의미를 가진다는 것은 그 시간 속에서 내가 나 됨을 확인할 수 있음입니다. Y는 자신의 삶, 더 정확히 말해 자신이 가지는 시간 속에서 스스로를 확인하고자 했던 것이죠. 의미를 갖는 시간이 많아질수록 나는 나로서 온전해집니다.

물론 모든 시간이 내게 의미를 가질 수는 없습니다. 누군가는 헛되지 않은 시간은 없노라고 노래합니다. 하지만 그건 이 시간들을 다 보내고 난 다음의 이야기 아닐까요? 사후적 평가지요. 밥을 먹고 잠을 자는 시간과 일을 하는 시간, 이렇게 생존을 위한 시간들은 우리 삶에 아무런 의미를 갖지 못하니까요. 생존은 삶의 전제가 되지만, 생존이 삶 자체가 될 수는 없습니다.

　　의미를 갖기 위해서는 생존에 무언가 다른 것이 더 해져야 합니다. 친한 친구와 밥을 먹는다든가, 사랑하는 사람과 잠을 잔다든가, 월급으로 가족이 외식을 한다든가 말이죠. 시간이 의미를 갖는다는 것은 내 삶이 정서적으로 풍요로워짐을 말합니다. 의미 있는 시간이 많아질 때, 나는 나 자신을 통해 존재를 확인할 수 있습니다.

생존이 아닌 자유

두 가지 질문을 던져보죠.

- 모든 사람이 하루 24시간, 1년 365일을 가지는 것. 의미가 있을까요?
- 한 걸음 더 나아가 모든 인간의 수명이 80년 혹은 100년으로 고정되어 있다면, 그것이 의미를 가질까요?

답을 하기 위해 다시 가정이 섞인 질문을 스스로에게 던집니다.

"만약 내가 누군가의 노예라면 나는 내 삶에 의미를 부여할 수 있었을까?"

아니요. 아닐 겁니다.

만약 찾는다면 오직 한 가지였겠죠. 생존. 노예에게는 삶을 선택할 수 있는 힘이 없으니까요.

노예에게 생존 자체가 의미를 가질 수 있을까, 라고 저는 다시 묻습니다.

전 다시 한번 그렇지 않다고 대답합니다.

생존에 의미성을 부여할 수는 없습니다. 죽음에 대한 공포를 통해 삶이 영위된다는 말에 동의할 수는 없으니까요.

언젠가 맞닥뜨려야 하는 죽음이라면, 차라리 그 공포에서 해방되어 스스로 죽음을 선택하는 편이 낫지 않을까요? 두려움에서의 해방을 선택하는 자유라도 느낄 수 있을 테니 말입니다. 결국 노예의 삶에서 의미를 갖는 시간은 자살을 결심하고, 이를 준비하고, 실행하는 시간뿐입니다.

저는 상상합니다, 자살을 결심할 때의 떨림, 결심에 대한 반추, 주인 몰래 자살 도구를 준비할 때의 흥분, 그리고 실행. 이 얼마나 주체적이며 드라마틱한가요? 이 과정에서만큼은 누구에게도 속해 있지 않은, 나 스스로 자유로운 자가 됩니다.

자유로운 시간만이 의미를 가진다

이제 던져진 질문들로 돌아갈 차례입니다. 하루 스물네 시간, 일 년 삼백육십오 일은 우리에게 아무 의미를 갖지 못합니다. 우리의 수명이 80년, 100년, 아니 의학이 발달해 120년으로 늘어난다고 해도 마찬가지일 것입니다. 그 시간들 속에 우리 개개인의 자유가 존재하지 않는다면 말입니다. 자유로운 시간만이 인간에게 의미를 가질 수 있습니다.

철학자 들뢰즈(Gilles Deleuze)의 자살. 이 차원에서 이해할 수 있습니다. 병이 깊어 다른 누군가가 없으면 무엇도 할 수 없는 상태. 이 와중에 스스로 몸을 움직일 수 있는 여건이 어렵사리 찾아옵니다. 그때, 그는 자신의 자유를 누립니다. 이후 자신의 삶을 다른 이에게 맡기지 않겠다는 선택을 하고 자살을 행합니다.

이것은 생명이 무의미하다거나 생존을 위한 노력들이 하찮다는 이야기가 아닙니다. 오히려 생명은 그 자체로 소중하다는 불변의 진리. 그 위에서 인간의 생명을 생명력 있게 하는 것은 무엇인가에 관한 논의입니다. 다름 아닌 자유. 자유는 내게 '주어진' 생존의 시간을 내가 '누리는' 시간으로 전환합니다. 자유인으로 존재하는 시간만이 인간이 인간답게 누리는 시간입니다.

우리가
누리는
시간은
공평하지 않다

"시간은 누구에게나 공평하다"는 성립할 수 없는, 잘못된 명제죠. 시간은 그 자체로 아무런 의미를 가지지 못합니다. 참과 거짓을 논할 수도 없지요.

하지만 이 명제에 의미를 불어넣는다면 어떨까요?

"인간이 누리는 시간은 공평하다."

이것은 참일까요?

이를 검토하기 위해 조금 전의 논의로 돌아가 보죠. 인간이 누리는 시간, 즉 자유로울 수 있는 시간에 관해 말입니다. 그때는 언제일까요?

노예였다는 가정을 다시 끌어들여 봅니다. 자유로운 시간은 곧 죽음의 두려움에서 해방된 시간입니다. 삶을 누리기 위해 죽음을 택한다는 것, 죽음을 택함으로써 내가 자유로워진다는 것. 이것은 역설적이지만 우리 삶이 가지는 진리입니다.

그렇다면 자유롭지 않은 시간, 인간이 누리지 못하는 시간은 언제일까요? 죽음의 두려움에 매여 있는 시간이겠죠. 죽지 않기 위해 주인의 말에 어쩔 수 없이 복종하는, 나의 감정과 욕구를 표출하지 못하는 상태의 시간. 이를 달리 표현하자면 생존을 위해 복무하는 시간이라고 할 수 있을 것입니다. 하지만 생존을 위한 복무는 태어난 이상 피할 수 없는 일입니다.

생존에 필요한 일들은 상당히 많지요. 숨을 쉬고, 무언가를 먹어야 하며, 추위와 더위를 피해 잠을 자야 하지요. 혼자만 살아가는 것이 아니니 옷도 입어야 하지요. 그런데 숨 쉬는 일을 뺀다면 이것 중에 저절로 되는 일은 없습니다.

먹거리와 입을 거리를 사야 하고 잘 수 있는 공간도 마련해야 합니다. 이른바 '소비'라고 명명되는 행위들이 선행되어야 하죠. 소비를 위해서는 소득이 필요합니다. 소득을 취하는 데 필요한 시간, 다름 아닌 생존을 위해 복무하는 시간이 됩니다.

소득을 취하는 방법에는 두 가지가 있지요. 먼저 자산을 통해 소득을 창출하는 방법입니다. 제게 현금으로 20억 원이 있다면 이것을 은행에 예치해놓을 수도 있고, 건물을 살 수도 있습니다. 은행에 넣어놓는다면 가만있어도 소득이 들어옵니다. 이율이 연 2.5%라면, 예치금을 허물지 않고서도 매년 5천만 원이 생기죠. 상업용 건물을 산다면 임대 소득을 벌어들일 수도 있습니다. 자산을 통한 소득 창출, 돈이 돈을 불러들이는 겁니다.

소득을 취하는 두 번째 방법, 자신 그 자체인 몸을

활용하는 것입니다. 다른 누군가와 계약을 하고, 계약 내용에 따라 일을 한 후 대가를 얻는 거죠. 인간의 노력은 소득 창출의 전부 혹은 주된 수단이 됩니다. 앞의 경우와는 반대죠.

모두에게 선택지가 주어지지는 않는다

자산을 통해 발생한 소득을 자본소득이라고, 수고와 노력을 통해 발생한 소득을 노동소득이라고 합니다. 물론 어느 경우라도 소득 창출에 자신의 시간을 활용해야 하는 점은 똑같습니다. 자본소득자와 노동소득자 모두 생존에 복무하는 시간을 필요로 하죠. 자본소득자 역시 내가 가진 자산을 은행에 넣을 것인지, 건물을 살 것인지, 건물을 산다면 구체적으로 어떤 건물을 살 것인지까지 결정해야 하기 때문입니다. 이 결정과 실행에 필요한 시간이 생존에 복무하는 시간이죠.

하지만 생존에 복무하는 시간의 길이는 그 차이가 너무나도 큽니다. 양자가 동일한 시공간에 살고 있다는 사실이 믿기지 않을 정도입니다. 노동소득자에게는 소득이 창출되는 시간, 즉 노동하는 시간 전부이지만, 자본소득자에게는 자산을 세팅하고 관리하는 시간에 불과하니까요. 여기에 더해 다른 이를 고용해 자산을 관리한다면 자본소득자가 생존을 위해 복무하는 시간은 다시 또 줄어듭니다.

하지만 이것이 문제는 아닙니다. 문제는 모든 이가 자신이 자본소득자가 될지, 노동소득자가 될지를 결정할 수 없다는 데 있습니다. 자본소득자가 될 수 있는 사람들만 이 결정을 할 수 있거든요. 하지만 그들이 노동소득자가 된다 할지라도, 그 노동 시간의 질이 다른 노동소득자와 같아진다고 볼 수는 없습니다. 자본소득자가 될 수 있었던, 그럼에도 불구하고 노동을 하는 이에게 노동 시간은 생존에 매여 있는 시간이 아니거든요. 노동하지 않아도 생존에 위협을 받지 않는 상태, 이때 노동 시간은 자유롭고 주체적인 시간으로 변하게 됩니다.

결국 "인간이 누리는 시간은 공평하다"라는 명제는 거짓으로 보아야 합니다. 자본소득자와 노동소득자에게 생존을 위해 복무하는 시간, 그리고 자유롭게 누릴 수 있는 시간은 차이가 나기 때문입니다. 일반 사람들이 가지는 삶의 선택지에 자본소득자는 주어지지 않기 때문입니다.

우리의 시간은 공평할까

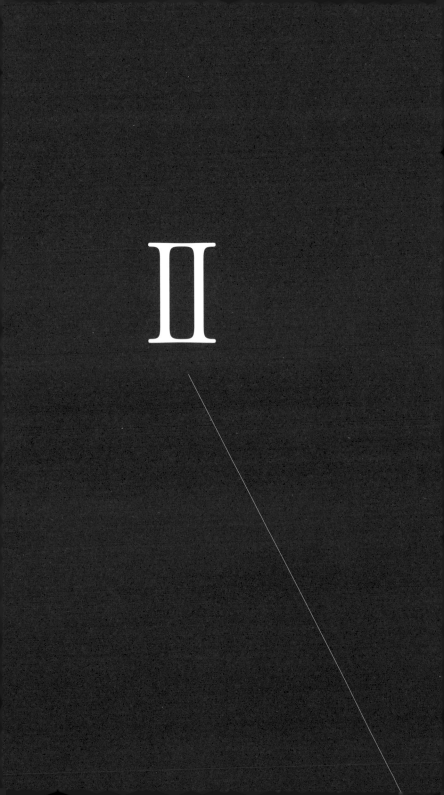

Ⅱ

직장인의 시간은 어떻게 달라질까

근로

보다

노동

우리는 모두 노동을 통해서만 삶을 영위합니다. 이 책을 쓰고 있는 저도, 읽는 당신도 모두 말이죠. 그럴 수밖에 없습니다. 가지고 있는 자산도, 부모님께 앞으로 물려받을 만한 유산도 없을 테니까요. 어쩌면 당신은 운 좋게 유산을 물려받을 수 있을지도 모르겠네요. 하지만 그래도 노동은 해야 하지 않을까요? 유산을 굴려 살아갈 수 있는 사람이 이 책을 읽고 있을 거라고 생각하진 않습니다.

'노동'과 비슷한 말로 '근로'라는 단어가 있어요. 얼핏 봐서는 같은 말인 듯합니다. 근로기준법에서도 '근로'를 "정신노동과 육체노동을 말한다"라고 정의하고 있으니, 적어도 우리 법률상 이 둘은 동의어로 보입니다.

그런데 이 찜찜한 느낌은 뭐죠? 같은 말이구나, 하고 넘기기엔 뭔가 걸리적거립니다. 저만 이런 느낌을 받은 건 아니었나 봅니다. 2018년 정부가 제출한 헌법 개정안의 내용 중 하나는 '근로'를 '노동'으로 고치는 것이었거든요.

왜, 동의어라면 굳이? 아니나 다를까, 이러한 개정안이 나오자 찬반 논란이 일었습니다. 노동계와 노동법학계 다수에서는 환영하는 분위기. 하지만 일각에서는? 좌파적 발상이라는 비판도 일었습니다.

직장인의 시간은 어떻게 달라질까

왜 그런 걸까요? 빙빙 돌리는 대신 결론부터 이야기할게요. 이 둘 사이에는 커다란 철학적 간극이 존재하기 때문입니다. 실제 쓰임새가 동일하다는 것과는 별개의 문제예요. 차이의 지점은 일하는 시간을 누가 지배하느냐에 있습니다.

결론을 이야기했으니 이유가 나와야겠죠? 표준국어대사전을 잠깐 들춰봅니다.

- 근로 : 부지런히 일함
- 노동 : 사람이 생활에 필요한 물자를 얻기 위하여 육체적 노력이나 정신적 노력을 들이는 행위, 몸을 움직여 일을 함

어떠세요? 차이를 찾으셨나요? 아니면, 뭔가 오는 느낌이라도?

저는 '근로'의 풀이에서 "부지런히"라는 단어에 주목합니다. 부지런하다는 평가 말이죠. 한번 거꾸로 생각해보세요. 부지런히 일하지 않는다면 근로가 아닌 걸까? 의문을 던져보자고요.

답을 할 수 있으세요? 혹시… 멈칫? 왜일까요?

가장 먼저 생각할 수 있는 이유. 이 질문이 우문(愚問)

이라는 점입니다. 일단 '근로'라는 단어의 풀이에 따르면, 부지런히 일하지 않는 것은 근로가 될 수 없습니다. 근로는 부지런히 일하는 거니까요. 그런데 일하는 사람의 입장에서 부지런하지 않고서 일하는 것이 가능할까요? 아무리 느긋한 사람이라도, 일을 하는 그 순간은 부지런해지지 않나요? 부지런하지 않다면 일은 진도가 나가지 않을 테니까요. 질문 자체에 모순이 있는 겁니다.

노동으로 살아갈 수 있는 사회를 꿈꾸며

물론 우문을 피해서 질문을 해석할 수도 있습니다. '부지런히'의 뜻이 "어떤 일을 꾸물거리거나 미루지 않고 꾸준하게 열심히 하는 태도로"이니, 태도에 중점을 맞추어 해석할 수도 있죠.

그런데 이 부지런한 태도는 누가 평가하는 걸까요? 내가 결정할 수 있을까요? 타인이 결정한다고 보는 편이 타당합니다. 왜냐면 임금이 오가는 노동에서 칼자루는 돈 주는 이, 즉 고용주가 쥐고 있으니까요. 어느 정도가 부지런한지 그 기준도 그 타인의 머릿속에만 존재하겠지요. 내가 하는 일이 근로냐에 관한 결정을 타인이 하게 된다는 겁니다.

무언가를 규정한다는 건 지배한다는 의미입니다. 지

직장인의 시간은 어떻게 달라질까

배하지 못하는 것들에 대해서 이름 하나 붙이지 못하거든요. 만약 우리가 하려는 것이 '근로'라면, 일을 하고 난 후 타인의 결정을 기다려야 합니다. 정해진 시간 동안 일한 후, 우리가 부지런히 일했음을 타인으로부터 인정받아야 합니다. 우리가 일한 시간은? 다른 사람의 지배 아래 놓이게 됩니다.

이와 달리 우리가 하려는 것이 '노동'이라면 어떨까요? 타인의 인정 따위는? 필요가 없습니다. 나는 약속에 따라 일을 하고 돈을 받으면 끝입니다. 물론 노동이라고 해서 고용주의 지배가 없어지는 건 아닙니다. 노동 계약에는 일하는 시간이 언제인지 적게 되어 있으며, 그 시간 동안에는 고용주의 지배를 받으니까요. 하지만 이건 노동력을 그 시간 동안 제공한다는 의미에 불과합니다. 정해진 노동 시간이라 하더라도 그 시간이 나의 시간이라는 점은 변하지 않습니다. 나의 삶이라는 시간의 성격은 바뀌지 않으며, 타인이 변경할 수도 없게 됩니다.

이 책을 쓰며 우리가 살아가기를 원하는 사회는 무엇인지 함께 고민하고 싶었습니다.

노동으로 살아갈 수 있는 사회인지.

아니면 근로로 살아갈 수 있는 사회인지.

퇴근은
왜 노동을
끝내지
못하나

법으로 정해진 노동 시간

대통령이 바뀔 때마다 끊임없이 새로운 이슈가 제기됩니다. 이러한 현상은 우리나라에만 특별히 있는 것도 아니고, 피해야 할 것도 아닙니다. 선거란 변화하는 사회상에 부합할 수 있도록, 이 사회 시스템을 설계할 정치 집단을 주기적으로 선택하는 제도니까요. 이러한 이유로 정부마다 주안점을 두는 제도는 다를 수밖에 없습니다.

문재인 정부가 다른 정부보다 관심을 보이는 주제는 노동인 것 같습니다. 2017년 5월, 문재인 정부가 들어선 이후로 노동 이슈는 끊이지 않았습니다. 청년실업, 최저임금, 비정규직의 정규직화 등. 다 큼직한 주제들이죠. 그중 하나는 노동 시간 단축이었으며, 이건 이 책을 쓰는 지금까지 탄력적 노동 시간제와 맞물려 계속 논의되는 중입니다.

노동 시간에 관한 이야기를 하기 전에 법정 노동 시간에 관한 이야기를 하고 넘어갈 필요가 있습니다. 간략히 말씀드리죠. 법으로 정해진 노동 시간은 하루 8시간, 한 주 40시간까지입니다. 여기에 더해 한 주 12시간의 노동을 연장노동으로 인정하고 있습니다. 여기까지만 보면? 일을 아주 많이 한다고 할지라도 일주일 동안 최대한 일할 수 있는 시간은 52시간이 됩니다. 우리 법은 국민들이 52시간을 넘어 일하는 것을 금지합니다. 더 정확하게는 52시간을 넘겨 일을 '시키는' 것을 금지하고 있죠.

그런데 이러한 계산법이 현실에서는 적용되지 않았습니다. 법은 휴일노동이라는 것을 규정하고 있었는데, 이게 문제의 시작이었어요. 고용노동부가 휴일노동은 연장노동과 별도라고 해석해버린 겁니다. 그러면 일주일의 최대 노동 시간은 52시간이 아닌 68시간이 되고 맙니다. 이틀간의 휴일노동 16시간이 추가되는 거죠.

일주일의 최대 노동 시간이 68시간이라는 고용노동부의 행정해석. 코미디였습니다. 68시간은 고용노동부에서 정하는 '만성과로 산재 인정기준'보다 높은 숫자거든요. 지금은 더 완화됐지만, 2017년까지 이 기준은 12주 평균 주 60시간(4주 평균 64시간)이었습니다. 그 의미는 이렇습니다. 노동자 누군가가 질병에 걸렸는데, 이전 노동 시간이 일주일 평균 60시간이 넘었다고 한다면, 질병의 원인이 긴 노동 시간에 따른 만성과로에 있다고 판단하겠다. 결국 과로가 허용되는 법 해석을 다른 곳도 아닌 고용노동부가 하고 있었던 거예요. 참고로 지금은 근로기준법에 〈"1주"란 휴일을 포함한 7일을 말한다.〉라는 규정을 신설해 이를 해결했습니다. "1
주"라는 단어에도 정의 규정을 두어야 한다는 사실. 놀
랍지 않나요?

은폐된 노동 시간 '점심'

우리의 노동 시간은 직장에서 일하는 시간 외에도 존
재합니다. 법정 노동 시간에서 빠지는, 공식적이지는
않아도 실질적인, 이른바 '은폐된 노동 시간'이죠. 한
직장인은 이렇게 이야기합니다.

"점심이요? 바이어와의 식사가 많아요. 그렇지 않으
면 부서에서 부서장과 함께 먹기도 하죠. 어느 쪽이나
편하지 않아요. 바이어든 부서장이든 제겐 갑이니까
요."

바로 법률상 '휴게 시간'으로 불리는 점심시간입니
다. 법에 따르면 이 휴게 시간 동안 노동자는 자유로울
수 있어야 합니다. 식사를 하든지, 잠을 자든지, 책을
보든지. 노동자는 그 시간을 마음대로 쓸 수 있어야 하
는 거죠. 하지만 이 직장인의 점심시간을 자유 시간이
라고 부르기는 어렵습니다. "바이어든 부서장이든" 갑

과 함께 식사하는 것. 그에게는 노동이 되니까요.

메신저 감옥을 아시나요?

더 큰 문제가 있습니다. 스마트폰의 발달이 퇴근 후 여가 시간조차 노동 시간으로 바꿔버린다는 거죠. 퇴근하고 나서도 메일을 확인하고 답장을 하는 것 역시 엄연한 노동입니다. 혹자는 그게 뭐 그리 어려운 일이냐고 반문할 수도 있어요. 하지만 노동법의 확고한 해석에 따르면, 일하기 위해 대기하는 시간도 노동 시간에 포함됩니다. 이는 노동 관계의 판단 기준, '종속성'의 당연한 결론이에요. 종속되어 있다는 것은 나의 활동이 사용자의 지배하에 놓여 있는 상태를 말합니다. 퇴근 후의 업무상 메일 송수신이 당연히 해야 할 일로 인식된다면, 퇴근 이후의 시간 전부가 언제 떨어질지 모르는 일을 위해 대기하는 시간으로 바뀌게 됩니다. 스마트기기를 통해 노동의 자본 종속화가 강화되고 있는 것입니다. 노동 시간과 비노동 시간의 경계가 허물어지고 있단 얘기죠. 노동자가 누리는 삶의 시간이 스마트기기로 무너지고 있는 겁니다. "노동을 하루 24시간 전체에 걸쳐 착취하려는 것이 자본주의적 생산의 내재적 충동"[1]이라는 카를 마르크스(Karl Heinrich Marx)의 통찰

067

이 지금도 여전히 유효한 이유입니다.

공공기관에 다니고 있는 친구 B의 이야기입니다. 저녁 8시쯤 되었을까요? 퇴근 후에 집에서 가족과 시간을 보내다 휴대폰을 확인해보니 부재중 전화가 와 있더랍니다. 정부 부처의 담당 사무관인데, 확인 즉시 전화하라는 카카오톡 메시지도 함께 와 있었습니다. B가 전화를 하니, 사무관은 왜 전화를 안 받느냐는 꾸중부터 시작하더랍니다. 아이를 돌보느라 전화 온 줄을 몰랐다며 죄송하다고 했지만, 사무관이 하는 말은 이랬습니다.

"B 차장, 교육을 다시 받아야겠네."

친구와 함께 삼겹살을 굽던 저는 들고 있던 소주잔을 떨어뜨릴 뻔했습니다. 아직도 그런 사람이 있나 싶기도 했고, 평소 들어보지 못한 대사에 어안이 벙벙했습니다. 당황한 제 얼굴을 보던 B는 오히려 저를 진정시키고 차분하게 말하며 소주잔을 부딪쳐줍니다.

"뭘 이런 거 가지고 그래? 그냥 그런가 보다 하면 되지, 뭐."

그 사무관이 B에게 전화해서 시킨 것은 연구보고서 요약이었다고 합니다. 내일 아침 상관께 보고드리고 싶으니 연구보고서를 한 페이지로 요약해서 본인의 출근 시간 전까지 메일로 보내놓으라는. B는 아이가 잠든 11시경 노트북을 열었다고 합니다. 참고로 사무관이 카카오톡으로 보낸 연구보고서는 무려 200쪽 분량이었습니다.

시간의 늑대들에게 맞서는 법
은폐된 노동 시간. 어떻게 해야 할까요?

은폐된 노동이라고 해서 무조건 거부할 수는 없는 일이며, 거부해야 하는 일만도 아닙니다. 상사 혹은 바이어와 함께 식사하는 것, 내가 그를 함께 일하는 동료라고 인식할 수만 있다면 즐거운 시간으로 채워지기도 합니다. 퇴근 후 스마트폰을 통한 업무 처리 역시 상시적이지만 않다면 충분히 할 수 있다고 생각합니다. 내가 쉽게 해결할 수 있는 사항이지만 다른 이가 많은 시간을 할애해야 한다면, 그 일이 내일 아침이 아닌 이밤, 지금 당장 해결해야 하는 것이라면 말이죠. 이런 생각은 업무의 필요성보다는 동료의식에서 비롯됩니다. 도와주고 싶은 마음은 그것이 노동이라도 기꺼워지니까요.

업무상의 식사가, 퇴근 후의 일처리가 괴로움이 아닌 즐거움으로 다가올 수 있는 경우는 내게 선택의 자유가 주어졌을 때입니다. 동료 간의, 혹은 사람 간의 연대 의식이 바탕이 된 때죠. 그와는 달리 지시와 복종이 관계의 중심을 이룬다면, 그것은 해야만 하는 것으로만, 그 시간은 은폐된 노동 시간으로만 존재할 뿐입니다.

그렇다고 해도 이에 응하지 말라고 당신에게 권할 수는 없습니다. 목구멍이 포도청이기 때문입니다. 설사 이것 때문에 회사에서 잘리지는 않는다고 해도, 분위기를 어색하게 만드는 건 우리 삶에 도움이 되지 않습니다.

잘 맞춰줄 필요가 있습니다. 다만 이 '잘'이라는 것은 내가 중심이어야지, 타자가 중심이 되면 안 됩니다. 타자가 중심이 된다면 나는 그의 노예가 될 수밖에 없으니까요. 여기서 '잘'이라는 것은 나의 시간을 빼앗아가려는 이들이 존재하는 이 엄혹한 상황에서, 나의 시간을 모두 확보하는 것이 아니라 최대한 많이 확보하는 것입니다. 늑대들에게 둘러싸인 숲속에서 배낭 속 고깃덩이 하나를 던져주고 유유히 그곳을 빠져나오는 것처럼. 그의 기분을 맞추며 최소한의 시간을 던져주어야 합니다. 현명해야 합니다.

이것이 혹시 자존심 상하는 일일 수도 있습니다. 부당한 현실에 굴복하는 것처럼 보일지도 모르죠. 이런 말을 하는 제가 비겁하다는 지적을 받는다 해도 할 수 없습니다. 제가 못 하는 것을 이 책을 읽는 당신에게 권할 수는 없으니까요. 그러한 권유는 정직하지 못합니다.

제게 지금 당장 현실을 바꿀 힘은 없으며 그럴 만한 의지도 없습니다. 다만 그런 일이 있을 때마다 저는 다짐합니다. 다른 이에게 은폐된 노동을 강요하지 않겠다고. 혹시나 이 책을 보는 후배들이 있다면 저를 감시할 일입니다. 제가 그런 일을 벌인다면 제 책상 위에 이 페이지를 펼쳐주시기를 부탁드립니다.

사는 곳이
삶의 시간을
결정한다

드러나거나 은폐된 노동 시간 외에도 노동을 위한 시간은 여전히 존재합니다. 노동이 아니라면 소모할 필요가 없는 시간. 출퇴근 시간이죠.

한 조사에 따르면 우리나라 직장인의 평균 출퇴근 시간은 1시간 56분입니다. 하루 전체로 따진다면 10분의 1이 조금 안 되는 시간이며, 잠자는 시간을 뺀다면 10분의 1이 넘어가는 시간입니다. 우리의 여가는 출퇴근 시간만큼 줄어듭니다.

여가를 늘리는 방법? 주거지를 직장 근처로 옮기면 됩니다. 그런데 이게 상당히 어렵습니다. 직장들은 시내 한가운데에 몰려 있으니까요. 아니, 그 반대로 직장들이 옹기종기 밀집해 있으니 시내 중심가가 되었겠죠. 시내와 가까울수록 땅값, 집값은 자연스레 올라갑니다.

몇 년 전, 우리 가족은 이사했습니다. 전세가 나을지, 매매가 나을지조차 결정을 못 한 상태라 전세가, 매매가, 경매가를 모두 알아본 적이 있습니다. 인터넷 포털의 부동산 사이트를 통해 서울 시내 전역을 쓸며 가격대를 확인했어요. 자기 전 한두 시간씩 매일매일 꽤 오랜 기간을 그리했습니다. 얼마나 열심히 했던 걸까요? 아내님은 제게 공인중개사로 전업을 해도 되겠다는 말까지 하더라고요. 쓸데없는 자부심도 생겼습니다. 서울 안에 있는 주택 가격을 다 꿰뚫고 있다는.

그런데 회사 동료들과 집 이야기를 하다가 '아차!' 싶었습니다. 자부심은 착각이었죠. 저는 강남 3구와 목동 등의 집값에 대해서는 까막눈이었습니다. 포털에서 가격대를 필터링했기에, 그 동네 물건들이 아예 검색 대상에서 빠져 있었습니다. 제게 있던 돈으로는 아예 들어갈 생각조차 못 하는 동네였던 겁니다.

장거리 출퇴근이 우리에게 미치는 영향

출퇴근 시간을 얼마나 줄이느냐, 그리하여 나의 여가를 얼마나 늘리느냐는 소득이나 자산에 큰 영향을 받습니다. 너무 당연한 이야기지만, 가진 돈이 적다면 출퇴근 시간은 늘어날 수밖에 없습니다.

한국감정원의 통계에 따른다면 2019년 2월 현재 아파트 1제곱미터당 평균 전세 가격은 서울이 540만 6천 원이며 경기도가 305만 6천 원입니다. 한 가족이 59제곱미터 아파트에 거주한다고 할 때 서울이 3억 2천만 원 정도가, 경기도라면 1억 8천만 원 정도가 필요합니다. 2018년 도시근로자 3인 가구의 월평균 소득이 약 494만 원임을 고려하면, 전세 비용을 마련하기 위해서는 서울에서는 5년 5개월 치의 월급을 모두 저축해야 합니다. 경기도도 3년 치 월급의 저축이 필요하지만, 서울에 비하면 사정은 훨씬 나은 편입니다. 많은 사람이 먼 곳에 주거를 두고 출퇴근하는 것, 여가와 주거 공간을 맞바꾸는 일입니다.

장거리 출퇴근이 줄이는 건 여가만이 아닙니다. 삶 전체의 기간을 단축하기도 하죠. 미국 워싱턴대학의 연구팀은 장거리 출퇴근이 신체 활동과 심장혈관 적합도(CRF)를 떨어뜨린다고 지적합니다. 스웨덴 우메아대학의 연구팀 역시 장거리 출퇴근 여성의 사망 비율이 그렇지 않은 여성에 비해 54퍼센트나 높다고 발표했습니다. 이미 현실에서도 보입니다. 2013년에 공립학교 영양사가 뇌출혈로 사망한 사건. 그의 나이는 많지도 않았습니다. 39세에 불과했으니까요. 원인은 짐작 가능하듯 장거리 출퇴근이었습니다. 법원 역시 뇌출혈의 원인을 용인에서 이천까지 각 1시간 이상 소요되는 출퇴근에 있다고 판단했습니다.

우리는 꽉 찬 지하철에 몸을 싣습니다. 노동을 하기 위하여 좁은 지하철을 버티는 노동을 합니다. 유급 노동을 하기 위하여 무급 노동을 하는 셈이죠. 내가 가지고 있는 것이 적을수록 매일 아침 일어나는 무급 노동의 시간은 길어집니다.

　지하철을 내린다 해도 다른 노동이 버티고 있지만 우리는 실망하지 않습니다. 지하철에서 내리지도 않습니다. 우리는 먼저 타고 있는 사람들에게 미안해하면서도 지하철에 몸을 욱여넣습니다. 누군가가 꽉 찬 지하철의 열린 문 앞에서 발을 동동거리며 어찌할 바를 모르고 있다면, 더 이상은 없을 것 같은 공간에 틈을 내어 우리는 그를 받아들입니다.

　저는 여기서 사람들이 다른 사람들을 품에 안는 것을 봅니다. 연대를 찾아보기 힘든 때라고, 나 하나 살기도 힘든 시대라고 하지만, 저는 여기서 사람 간의 연대를 봅니다.

　나의 출근이 소중하면 너의 출근 역시 그러하다.

　나의 생계가 중요하면 너의 생계도 마찬가지다.

　지옥철이 지옥으로만 끝나지 않는 것, 헬조선이 헬로만 끝나지 않는 것은 다 나 때문입니다, 다 너 때문입니다, 모두 우리 때문입니다.

정신
승리가
필요하다

명절 스트레스

2018년 가을, 화제가 된 칼럼이 있었죠.「경향신문」에 실린 김영민 교수님의 '추석이란 무엇인가?'라는 글이 었습니다. 취업은 했느냐고 묻는 당숙에게 '당숙이란 무엇인가' 묻고, 언제 결혼할 거냐고 묻는 엄마에게는 '결혼이란 무엇인가'로 반문하라는 내용입니다. 나이 드신 어른들이 읽으면 이 무슨 보지도 듣지도 못한 말 장난이냐며 노하실 게 분명하지만, 이렇게라도 질문을 피하고 싶은 것이 오늘의 청년들입니다. 며느리의 전 유물로 보였던 명절 스트레스. 이제는 20대 청년들도 공유하게 되었습니다.

청년들이 가지는 명절 스트레스의 중심에는 한국의 노동 현실이 자리 잡고 있습니다. 괜찮은 일자리에 취 업하기 힘든 시대. 혹자는 중소기업의 구인난을 들먹이 며, 지금의 청년실업은 20대들이 눈이 높아서라거나 배 가 불러서라고 말하기도 합니다. 하지만 그들의 비난에 우리가 화내거나 억울해할 이유는 없습니다. 그들은 그 저 상대방이 처한 현실에 눈 감고 있는 정서적 맹인에 불과하니까요. 그들을 설득해보려는 노력 역시 무의미 할 것입니다. 어떤 통계치를 들이댄다 해도, 그들의 귀 결은 더 열심히 노력해보라는 당부일 테니까요.

한국의 노동 현실

그럼에도 불구하고 노동 현실을 살펴볼 필요는 있습니다. 그들에게 변명하기 위해서가 아니라, 우리 스스로가 자책에 빠지지 않기 위해서예요. 한편, 노동 현실을 이해하는 것은 그 반대의 경우에도 도움이 됩니다. 내가 운이 좋아 잘 풀렸을 때 빠질 수 있는 우월감이라는 함정, 이 쓸데없는 감정에서 나를 구원해줍니다.

한국의 노동 현실을 잘 표현해주는 말, '노동시장의 이중 구조'입니다. 한국의 노동시장이 종업원 300인 이상 규모의 대기업 정규직(1차 노동시장)과 중소기업 및 비정규직(2차 노동시장)으로 이원화되어 있다는 거죠. 양쪽의 노동 조건 격차는 갈수록 커져 하나의 노동시장으로 보기가 쉽지 않다는 의미입니다. 잠시 2018년의 연구보고서[2]에 나오는 수치를 표로 정리해보겠습니다. 통계가 현실을 모두 말해주는 것은 아니나, 적어도 지금 현실을 좀 더 구체적으로 살펴볼 수 있으니까요.

노동 조건 격차가 원래 이렇게 컸던 건 아닙니다. 1980년대만 하더라도 30인 미만 기업 노동자의 임금은 대기업 노동자의 임금의 90퍼센트였어요. 이렇게까지 벌어진 데는 이유가 있습니다. 맨 먼저 1987년 이후 대기업에 비해 중소기업에서 노동조합 활동이 상대적

으로 미미했던 탓입니다. 노동조합 결성률부터 차이가
났죠. 노동조합의 1차적 목적은 조합원의 노동 조건 향
상입니다. 노동조합이 있었던 곳과 그렇지 않은 곳의
노동 조건 차이가 벌어지는 건 자연스러운 일입니다.

[표] 노동시장에 따른 노동 조건

구분	1차 노동시장	2차 노동시장
인원 (전체 임금노동 자 대비 비율)	213만 명 (10.7%)	대기업 비정규직 : 33만 명(1.6%) 중소기업 정규직 : 1,130만 명(56.5%) 중소기업 비정규직 : 624만 명(31.2%)
월 평균 임금 (1차 노동시장 대비 비율)	398.1만 원 (100.0%)	대기업 비정규직 : 257.7만 원(64.7%) 중소기업 정규직 : 263.8만 원(66.3%) 중소기업 비정규직 : 151.5만 원(38.0%)
근속연수 (1차 노동시장 대비 비율)	12.2년 (100.0%)	대기업 비정규직 : 4.0년(32.8%) 중소기업 정규직 : 6.7년(54.9%) 중소기업 비정규직 : 2.5년(20.5%)
국민연금 수혜율	98.3%	65.6%
퇴직급여 수혜율	99.5%	69.4%
상여금 수혜율	96.1%	67.7%

참고로 고용노동부에 따르면 2017년 6월 기준 정규직의 시간당 임금 총액은 18,835원, 비정
규직 임금 총액은 13,053원으로 비정규직/정규직 수준은 69.3%임

이 상황에서 1997년에는 외환위기가 닥치죠. IMF의 구제금융을 받으면서 맺은 약정 중 하나가 노동시장의 유연성 제고였습니다. 영화 〈국가부도의 날〉에서 한시현(김혜수 분)이 우려했던 것처럼 아웃소싱과 비정규직 노동이 확대되었죠. 이렇게 형성된 노동 조건의 격차는 경영 효율화라는 미명 아래 꾸준히, 그리고 가속도가 붙어 넓어지게 됩니다.

한국 청년들의 노동 현실

청년층의 노동 현실 또한 이 안에 있습니다. 오히려 청년층 내에서 이 격차는 더 심해질 것 같습니다. 악화된 노동시장에서 일을 시작하기 때문에 근속연수가 쌓일수록 이 격차가 더 벌어지는 거죠. 통계에 따르면 중소기업 대졸 초임 연봉은 평균 약 2,500만 원으로, 대기업 대졸 초임 연봉 약 3,800만 원의 66퍼센트이며, 2017년 8월 기준으로 청년층 비정규직 비율은 35.7퍼센트에 달합니다.

또 2017년 일자리 행정 통계에 따르면 29세 이하 청년층의 월 평균 노동소득은 198만 원으로, 은퇴 세대인 60세 이상 노동자의 193만 원과 별 차이가 나지 않습니다. 예상할 수 있듯이 청년층의 빈곤 역시 높아지고만 있습니다. 한국보건사회연구원에 따르면 청년 단독 가구의 상대적 빈곤율(중위소득 50퍼센트 이하인 가구 비율)은 2006년 15.2퍼센트에서 2016년 19.9퍼센트로 올라갔습니다.

시간의 질을 소득에 맞추다

노동 조건의 격차는 고용 신분에 따라 노동자가 누리는 시간의 질이 달라짐을 의미합니다. 소비를 피할 수 없는 현실에서 소득은 소비를, 소비의 질은 곧 시간의 질을 결정하니까요. 극단적인 예로 한 끼 식사 메뉴도 소득에 좌우됩니다. 편의점에서 삼각김밥을 먹을 것이냐, 패밀리 레스토랑에서 샐러드를 먹을 것이냐. 소득의 불평등이 시간의 불평등으로 이어지는 거죠.

이 때문에 2차 노동시장에 속한 노동자에게는 선택이 요구됩니다. 소득의 격차를 인정한 후 시간의 질을 자신의 소득에 맞출 것이냐, 아니면 자신의 삶에 다른 노동을 추가하여 소득을 늘릴 것이냐에 관한 선택입니다.

첫 번째는 시간의 질을 자신의 소득에 맞추는 경우입니다. 여가가 확보되는 선택지죠. 하지만 그 시간을 내가 원하는 대로 '잘' 누릴 수 있을지는 의문입니다. 자본주의 사회에서 시간의 향유는 대개 소비를 통해 행해지니까요. 극장에 갈 시간이 없어 영화를 보지 못하는 게 아닌, 영화 관람 비용이 부담되어 극장 나들이를 참아야 하는 상황이 발생할 수도 있습니다.

　노동자들이 노동 시간 단축에 반대하는 아이러니한 상황 역시 이러한 차원에서 이해가 가능합니다. 그동안 연장노동수당, 휴일노동수당을 꽉 채워 생활에 필요한 만큼의 월급을 받았는데, 이제는 그 딱 맞았던 월급이 노동 시간 단축으로 깎여나간 겁니다. 휴일노동수당이 없어진 탓에 딸아이가 다니던 학원이 줄어들게 되는 거죠.

　헌법 제34조 제1항은 "모든 국민은 인간다운 생활을 할 권리를 가진다"라고 규정합니다. 국가에게는 모든 국민에게 생활의 기본적 수요를 충족시켜줌으로써 건강하고 문화적인 생활을 보장할 책무가 존재합니다. 건강하고 문화적인 생활. 이것은 스스로가 자신의 건강을 돌아보며, 자연과 문명의 창조물에 감응하는 삶일 것입니다. 공동체 안에서 소통하며, 인생 자체에 감사할 수 있는 삶이죠. 물론 어느 정도의 소득이 있어야 이러한 삶이 가능할지 알 수는 없습니다. 하지만 소득의 비교가 일상화된 사회에서 이것이 가능할까? 의문입니다.

저 역시 조금이라도 더 많은 성과급을 받기 위해 애 씁니다. 지금 받는 월급이 적지 않은데도 말이죠. 반기 마다 한 번 작성하는 업무실적보고서를 최대한 포장 하기 위해 노력하고, 해마다 제출하는 성과사업보고서 의 면수를 늘리려 밤을 새웁니다. 소득의 격차는 능력 의 격차로 인식되며, 떨어지는 소득은 내 마음 밭에 생 채기를 냅니다. 건강하고 문화적인 삶을 누리기 위해 서는 안빈낙도(安貧樂道) 혹은 자발적 가난을 생활신조로 삼아야 할 것만 같습니다.

다른 소득을 찾다

두 번째로 누리는 시간을 줄여 다른 노동소득원을 찾 을 수 있습니다. 나는 이때 소득이 늘어나는 것 외에도, 나 스스로가 열심히 살고 있다는 희열을 만끽하게 됩 니다. 하지만 그뿐. 가족 간 대화는 단절되고 몸은 지쳐 갑니다.

가족과의 소통과 건강을 희생시키고 올리는 소득이 란 게 참으로 보잘것없습니다. 기껏해야 편의점 시간 제 노동자이고, 다른 이들의 공포를 이용하는 보험설 계사이며, 술 취한 손님을 태우는 대리운전일 뿐입니 다. 가족들 혹은 친구들과 함께 누려야 할 시간이 육체

뿐 아니라 혹독한 감정 소모가 필요한, 게다가 낮은 벌이의 시간으로 치환되는 거죠. 이렇게 꽉 채워진 노동의 일상, 우리들의 수명을 줄이게 될 확률이 높습니다.

더 우울한 것은 이 문제에서 선택지조차 가질 수 없는 사람들이 존재한다는 현실입니다. 통계청에 따르면 2016년 기준으로 최저임금도 받지 못하는 노동자는 266만 명으로 전체 임금노동자 중 13.6퍼센트에 달했습니다. 2002~2003년의 비율이 4.9퍼센트였음을 생각하면, 15년 동안 2.5배로 불어난 겁니다. 2016년도의 최저임금이 중위임금(전체 인원이 100명이라면 50번째 사람의 임금) 대비 55.9퍼센트, 평균 임금 대비 44.8퍼센트 수준임을 생각한다면, 이들에겐 별도의 소득원을 구하는 것이 선택이 아닌 필수가 됩니다. 생존을 위해 말입니다. 이것이 우리를 더 암울하게 만듭니다.

절망 위에서 살아남기

이렇게 불평등한 한국의 노동 현실은 연구자들까지 암담하게 만드는 것이 사실입니다. 쏟아진 물을 한꺼번에 주워 담을 수 없듯이, 완벽한 정책적 대안은 찾아보기도 힘들뿐더러, 정책적 대안이 있다고 해도 실현성에는 항상 물음표가 떠다닙니다. 현실을 바꿔보고자 노력하는 연구자들에게 갖가지 비판이 붙기도 하지요. 현실을 모른다, 무책임하게 연구물을 내어놓는다, 등 말입니다.

노동을 연구하는 사람들의 답답함을 노동자들이 살 갖으로 부딪히는 현실에 비할 수는 없습니다. 오히려 그저 눈을 감는 편이, 내게 오늘 맡겨진 일들만을 생각하는 게 정신건강에 더 좋을 것만도 같습니다. 낙숫물이 바위를 뚫는다지만, 그리하여 단결하고 투쟁하여 세상을 바꾸라고 강권하는 이들도 있겠지만, 누구에게도 낙숫물이 되라고 할 수는 없습니다. 그런 말은 하루하루 힘겹게 살아가는 노동자들에 대한 예의가 아닙니다.

발터 벤야민(Walter Benjamin)이 떠오릅니다. 그는 항상 그때그때의 1보만이 진보이며, 2보도 3보도 N+1보도 결코 진보가 아니라고 말합니다. 내가 지금 서 있는 자리에서 내가 그나마 쉽게 할 수 있는, 너무 소소해서 티도 안 나겠다 싶은 일은 무엇이냐고 자문해야 합니다. 맘에 드는 포털 댓글에 공감 누르기, 청와대 국민청원에 동의 누르기부터 정당이나 국회의원, 시민단체에 후원하기, 노동조합에 가입하기까지 모두 여기에 포함됩니다.

물론 이런 것들이 지금 당장 내가 처한 현실을 바꾸

지는 못합니다. 그렇게 되지 않기를 바람에도 불구하고, 아마도 그렇게 되겠지요. 하지만 이 사소한 것들이 의미를 가집니다. 이것을 권하는 것은 세상을 바꾸기 위해서가 아닙니다. 나 스스로를 위로하기 위해서입니다. 현실에 눈감았다는 패배감이나 절망감에서 헤어나기 위해서입니다. 이런 사소한 일들, 현실에 굴복하지 않았다는 위안을 자신에게 선사합니다.

이것을 누군가는 정신 승리라고 조롱할 수 있겠지요. 하지만 우리의 삶은 타인의 조롱에 휘둘릴 만큼 한가하지도 나약하지도 않습니다. 그네들은 그네들의 삶이나 잘 챙기라고 툭 내뱉으면 그만입니다. "너나 잘하세요." 현실이 이런데 정신적으로라도 승리해야 하지 않겠습니까?

또 모를 일입니다. 나의 댓글 한 줄이 현실을 바꿔줄지도요. 1950년대 미국 흑인 민권운동 역시 마찬가지였습니다. 그 시작은 로자 파크스(Rosa Parks)가 버스 좌석에 계속 앉아 있었던 것에 불과하니까요.

예측하지 못하는 것이 삶이며, 그러하기에 우리 삶은 선물일 수 있습니다.

비정규직은 어떻게 신분이 되었을까

'비정규직'
이라는
단어의
존재 이유

'비정규직'이라는 단어의 정치적 그릇됨

불평등한 한국의 노동 현실 한가운데에는 '비정규직(非正規職)'이라는 단어가 존재합니다. 하지만 정규직(正規職)이 아닌(非) 직종 혹은 직군을 의미하는 비정규직은 정치적으로 올바르다고 보기 어렵습니다. 어떤 개념(비정규직)이 다른 개념(정규직)을 배제하는 것으로 정의되는 한, 그 개념은 독자적으로 의미를 갖지 못하고 주변부에 머물게 되니까요. 상대적인 개념에 불과한 거죠. 예를 들면 양성이 함께 모여 있는 집단에서 여성을 '비남성'이라 부르는 것과 같습니다. 이때 여성과 '비남성'이 가리키는 구체적 대상은 동일할지라도, '비남성'의 개념상 특징은 여성의 특징이라고 할 수 없습니다. '비남성'의 특징은 남성을 매개로 해야만 기술될 수 있으니까요.

'비정규직'의 그릇됨은 여기에서만 그치지 않습니다. '비정규직'이라는 단어가 '정규직'의 상대적 개념임에도 불구하고, '정규직'이라는 단어는 '비정규직' 이후에 생겼거든요. 비정규직이라는 이름의 노동 형태가 있기 전, 임금노동자는 대부분 무기계약직, 풀타임, 직접고용의 형태를 띠고 있었습니다. 그 당시에는 정규직이라는 용어 자체가 불필요했습니다. 이후 기간제 노동이 생기고, 파견 노동이 생기고, 단시간 노동이 이전보다 늘어나며 '비정규직'이라는 용어가 생기게 된 거죠. 사내하청 노동자 역시 일터인 원청기업의 비정규직 노동자에 포함됩니다. 생성 역사로 보자면 '비정규직'이라는 단어가 먼저 생기고, '비정규직'과 대비되는 개념으로 '정규직'이라는 용어가 쓰이게 된 것입니다.

'비정규직'이란 단어를 버릴 수는 없을까

'비정규직'의 정치적 그릇됨에도 불구하고, 그리고 비정규직이 보편화된 현실에도 불구하고 이 단어를 사용할 수밖에 없는 이유가 있습니다. 기간제, 단시간, 간접고용이라는 노동 형태는 우리 사회가, 그리고 우리 법이 예정하고 있는 올바른 노동 양식에서 비켜나 있기 때문입니다. 법은 비정규직이라는 노동 형태를 제한하며, 올바른 형태로서의 정규직 노동을 유지하려고 하고 있습니다.

예를 들어 기간제 노동은 2년을 넘어설 수 없으며, 이를 초과한다면 무기계약직 노동자로 전환됩니다. 단시간 노동자의 경우 원래 약속된 노동 시간을 넘어서일하게 된다면, 총 노동 시간이 주당 40시간을 넘지 않더라도 초과노동에 따른 가산임금을 받을 수 있습니다. 간접고용은 파견이라는 까다로운 제한 요건을 갖출 때만 인정이 됩니다. 간접고용의 한 형태인 사내하청에서는 원청기업이 하청 노동자에게 일을 시키는 순간 불법파견으로 처벌을 받게 됩니다.

우리 법이 이처럼 비정규직 노동에 대해 여러 차원의 규제를 행하는 것은 비정규직이라는 노동 양식이 비정상적이라는, 올바르지 않다는 전제를 가지고 있기 때문입니다. 이것은 노동이 상품일 수 없다는, 즉 노동에는 '인간'이라는, 그 어떤 경우에도 양보할 수 없는 존재와 가치가 녹아 들어가 있다는 인식의 구현이기도 합니다.

여기서 '만일 비정규직이 올바르지 않다면 왜 금지가 아닌 제한을 취했는가?'라는 궁금증도 나올 수 있습니다. 제한이 아니라 금지였다면 비정규직은 이렇게 늘어나지 않았을 테니까요. 이에 대해서는 원칙만을 고수하기에는 녹록지 않은 현실을 언급할 수밖에 없습니다. 자본과의 타협이라고 솔직하게 말할 수도 있겠네요. 현실 세계에서 자본이 차지하는 영향력은 부정할 수 없는 일이니까요.

정치적 그릇됨을 알면서도 '비정규직'이라는 단어를 계속 사용할 수밖에 없는 이유. 자본의 영향력일 겁니다. 비정규직이라는 단어를 놓아버리는 순간, 우리 사회 공동체가 기준점으로 삼고 있는 노동 양식이 사라져버릴 테니까요. 만일 그렇게 된다면 정규직의 비정규직화는 더욱 거세지고 빨라질지 모릅니다. 자본의 영향력으로 말이죠. 정규직의 비정규직화를 방어하고, 이미 생겨버린 비정규직을 조금이라도 정규직으로 돌리기 위한 최소한의 조치가 '비정규직'이라는 단어의 사용일 겁니다.

한편으로는 이런 생각을 할 수도 있습니다. 기간제, 단시간, 간접고용이라는 고용 형태가 반드시 나쁜 것이라고 생각할 필요가 있을까? 이러한 고용에 종사하면서도 내 삶을 행복하게 꾸릴 수 있다면, 정치적으로 그릇된 '비정규직'이라는 용어를 고수할 필요가 있을까?

맞습니다. 여기서의 관건은 비정규직의 노동 조건으로 내 삶을 행복하게 꾸릴 수 있느냐입니다. 그리고 그렇게 되어야 하는 것이 옳습니다. 가야 할 길이지만 먼 길이기도 합니다. 아니, 정확히 표현하자면 멀더라도 가야 할 길이죠. 하지만 먼 길을 갈 때는 보호 장비가 필요합니다. 길이 멀다고 보호 장비를 착용하지도 않고 몸만 가볍게 떠났다가는 여행자가 위험해집니다.

저는 이 비정규직이라는 단어를 목적지에 도달할 때까지 착용하는 보호 장비라고 생각합니다. 빨리 벗어버리고픈, 하지만 내 몸을 지키기 위해 당분간은 착용해야 할 보호 장비 말입니다. '비정규직'이라는 단어를 쓸 필요가 없는 날이 어서 오면 좋겠습니다.

비정규직은 어떻게 신분이 되었을까

차별적
신분으로서의
'비정규직'

이윤 극대화가 만들어낸 고용 신분

'비정규직'이라는 일자리는 고용주의 필요에 따라 임시로 만든 고용 형태입니다. 지금은 일손이 모자라 사람이 필요하지만, 기업의 경영 환경과 비전을 고려할 경우 상시적 직원을 더 늘리기 부담될 때 만드는 것이죠. 그래서 프랑스 노동법에서는 기간제 노동이 끝나게 될 경우 지급된 보수 총액의 10퍼센트에 해당하는 계약종료수당을 지급하라고 규정합니다. 비정규직의 낮은 고용안정성을 추가 임금으로 메꿔주는 거죠. 고용주의 입장에서도 장기적으로 본다면 정규직을 채용하는 것보다 짧은 기간 동안 임금이 더 나가더라도 비정규직을 채용하는 것이 비용 면에서 유리해집니다.

그럼에도 불구하고 우리 한국 사회의 비정규직은 임시적인 일자리보다는 노동시장에서의 신분 혹은 계급으로 이해되는 경향이 강합니다. 상시적인 일자리지만 고용 기간은 불안하고 임금 또한 낮기 때문입니다. 기업의 이윤 극대화가 만들어낸 고용 신분이죠. 근로기준법 제5조가 "사용자는 근로자에 대하여 남녀의 차별적 대우를 하지 못하며 국적, 신앙 또는 사회적 신분을 이유로 근로조건에 대한 차별적 처우를 하지 못한다"라고 균등 처우를 규정하고 있으나 정규직-비정규직은 차별적 신분으로 작용합니다.

통계청의 발표를 살펴볼게요. 비정규직 근로자는 2018년 8월 기준으로 661만 4천 명으로 전체 임금근로자(2천 4만 5천 명) 가운데 33퍼센트였습니다. 1년 전보다 3만 6천 명 늘어난 수치입니다. 하지만 이 수치에 숨겨진 부분이 있습니다. 대기업의 하청·협력업체 정규직이 이 통계에서는 정규직으로 잡혔거든요. 비정규직의 특징이 불안정한 고용에 있음을 고려한다면, 업체 간의 계약 해지로 일자리가 없어지는 대기업의 하청·협력업체 정규직 또한 비정규직이라 보아야 합니다.

최요한의 연구[3]는 비정규직이 차별적 신분으로 작용하고 있음을 증명합니다. 그는 청년층 내 비정규직 신분이 정규직 입사 혹은 전환에 도움이 되는지를 확인하려 했습니다. 연구 결과에 따르면 1년이 지난 후 정규직으로의 전환 혹은 취업 확률은 비정규직(여성 15.0퍼센트, 남성 19.6퍼센트)에 비해 미취업자(여성 16.9퍼센트, 남성 23.6퍼센트)가 더 높았습니다. 최요한은 비정규직으로 일하는 것이 비정규직 노동시장에 머무르게 하는 덫으로 기능한다는 결론을 도출합니다.

한국 노동시장이 정규직-비정규직이라는 2단계의 신분 구조로만 존재하는 건 아닙니다. 비정규직을 매개로 한 신분 형태는 매우 다양하거든요. 다음 사례를 생각해볼 필요가 있습니다.

> A는 H 대기업의 가족을 모집한다는 구인 공고를 보았다. 하지만 A는 이 구인 공고를 H 대기업의 정규직 채용이라고 받아들이지는 않았다. H 대기업의 하청업체 구인 공고라고 이해했다. 원래 다 그렇게 공고를 내니까 하고 말이다. 그럼에도 불구하고 그는 그 업체에 지원했다. 하지만 채용된 후 몇 달이 지난 후 그는 자신의 소속이 H 대기업의 하청업체가 아님을 알게 되었다. 그를 채용한 기업은 하청업체가 아닌, 하청업체에 노동자를 파견하는 업체였다. 그리고 같은 업무를 하는 다른 파견 직원들보다 자신의 월급이 낮음을 알게 되었다. 파견 업체마다 수수료가 달라서 생긴 일이었다.

이 사례에서 A는 H 대기업의 비정규직도, 하청업체의 정규직도 아닙니다. 하청업체의 비정규직인 거죠. H 대기업과의 관계를 보자면 간접고용이 중첩된 상태

입니다. 고용 구조를 단순화하면 '대기업 정규직-하청
업체 정규직-하청업체 비정규직'이 될 겁니다. 또 이
사례와는 다르게 하청이 1차, 2차, 3차로 늘어나는 구
조라면 고용 구조 또한 계속해서 복잡해질 수밖에 없
습니다. 고용 신분이 다단계화되는 것이지요. 이에 따
라 각 계층의 임금 격차는 누적적으로 벌어질 수밖에
없습니다.

위험의 외주화

비정규직이 차별적 신분이라는 건 임금 격차가 크다는
것 외에도 다른 의미가 있습니다. 최근 들어 소위 '김
용균 법'으로 이슈가 된, 하지만 실상은 오래전부터 있
어왔던 '위험의 외주화' 또한 이와 연관성이 깊습니다.
사업 중에 위험한 업무만을 떼어내 용역사업으로 돌리
는 거죠. 김용균 씨 사망 사고 이전에 2016년 5월 발생
했던 서울 구의역 사망 사고 역시 위험의 외주화 사건
입니다. 공공운수노조에 따르면 한국남동발전·서부
발전·중부발전·남부발전·동서발전 5개 발전사에서
2012년부터 2016년까지 5년간 발생한 사고 346건 가
운데 337건(97퍼센트)이 하청 업무에서 발생했습니다.

또 현대제철 당진공장에서는 2007년부터 2012년 사

이 산업 재해로 35명이 사망했는데, 이 중 하청업체 소속 노동자는 29명에 이릅니다. 참고로 2018년 3월 말 기준으로 이 공장에서 일하는 노동자 중 하청업체 노동자의 비율은 52.8퍼센트였습니다. 이 공장에 관한 국가인권위원회 시정권고는 하청업체라는 소속이 하나의 신분으로 작용하고 있음을 잘 나타내줍니다. 2018년 11월 결정문에 나온 몇 가지 내용을 옮겨보겠습니다.

- 자녀교육비의 경우 현대제철 소속 노동자는 취학 전 (1년) 아동과 장애인에 대한 별도 지원, 중·고등학교 등록금, 대학교 입학금 및 등록금 전액 등의 지원을 받는 반면 하청업체 소속 노동자는 취학 전 아동에 대해서만 지원받고 있다.
- 의료비의 경우 현대제철 소속 노동자와 그 가족은 입원 및 외래진료비 중 본인부담금 부분을 지원받는 반면 하청업체 소속 노동자는 건강진단 비용만을 지원받고 있다.
- 차량 구입의 경우 현대제철 소속 노동자는 근속연수에 따라 9~26%의 가격 할인 지원을 받는 반면 하청업체 소속 노동자에게는 그러한 지원이 없다.
- 현대제철 소속 노동자에 대해서는 개인 차량의 출입

증을 발급하되 주차 공간 부족을 이유로 차량 2부제를 실시하는 반면, 하청업체 소속 노동자의 개인 차량에 대해서는 출입증을 발급하지 않고 다만 하청업체 주요 임원 차량이나 업무 수행에 필요한 차량에 한해서만 출입증을 발급한다. 또한 하청업체 소속 노동자는 제철소 각 지구 출입구 옆에 설치된 외부 차량 주차장에 주차하고, 출퇴근 시간 및 중식시간에 운영(10분 간격)되는 사내 셔틀버스를 타고 제철소 내로 이동하도록 하였다.

• 목욕장의 경우 현대제철 소속 노동자와 하청업체 소속 노동자가 함께 사용하였으나 탈의실은 목욕탕을 중심으로 현대제철 소속 노동자와 하청업체 소속 노동자용 공간이 구분되어 있다. 현대제철 소속 노동자용 탈의실의 경우 전자 도어록(Door Lock) 방식의 사물함이 비치되어 있는 반면, 하청업체 소속 노동자용 공간에는 열쇠 방식의 노후한 사물함이 비치되어 있다.

이와 같은 현실을 보자면 정규직과 비정규직 간에는 넘어갈 수 없는 커다란 벽이 존재합니다. 노동의 가치와는 무관하게, 일터와도 무관하게, 계약서에 명시된

그의 소속에 따라 작업장에 출근하는 방식이 결정되고, 목욕탕에서도 열쇠가 달린 고무줄을 몸에 차고 있어야 하느냐가 결정됩니다. 모두가 다 벗고 있는, 세상에서 가장 수평적인 공간인 목욕탕에서조차 신분을 밝히고 있어야 하는 겁니다. 이러한 현실에서 하청업체 노동자가 더 위험한 업무로 내몰리게 되는 것은 당연한 이치일지 모릅니다. 소속만으로 내 목숨이 위태로워질 확률이 더 높아지는 것이죠. 하청업체 소속이라는 신분이 목숨 값을 가볍게 한다고, 내 삶이라는 시간이 가볍게 여겨진다고 표현할 수도 있습니다.

안전의 외주화

한편, 노동시장에서의 비정규직화 또는 외주화의 증가는 당사자인 노동자들의 안전만 위협하는 것이 아닙니다. 비정규직이라는 고용 체제로 인해 서비스의 대상자인 시민들의 안전까지 위험에 처해집니다. 소위 '안전의 외주화'죠. 시민의 안전을 책임져야 하는 기관이 안전과 관련된 업무를 외주화하는 것입니다. 이유는? 당연히도 비용 절감.

안전의 외주화는 대형 참사로 이어지기 쉽습니다. 2014년의 세월호 사건 또한 여기에 해당해요. 정부는 선박 검사를 한국선급에 위탁해 세월호를 점검토록 했으며, 선박의 안전관리를 총괄하는 해경은 한국해운조합으로 하여금 승객 및 화물 적재를 관리하도록 했습니다. 2012년 수난구호법은 한국해양구조협회를 설립해, 정부로부터 수색구조·구난업무에 관한 위탁을 받을 수 있도록 했습니다. 이러한 배경하에서 한국해양구조협회에 속해 있던 민간 기업인 '언딘 마린 인더스트리'는 세월호 선주인 청해진해운과 계약을 맺고 사고 이튿날에야 구조 작업에 나섰습니다. 전체적으로 보자면 국가가 행해야 할 안전 업무를 비용 절감이라는 목적으로 민간에 외주화했던 것입니다. 세월호 선원들 또한 선장은 1년 계약직에 불과했으며, 핵심 선원 17명 중 12명이 비정규직이었습니다. 이러한 고용 구조 아래에서 선장 및 선원들이 그 책임을 다할 것이라고 믿기란 충분하지 않습니다.

외주화로 인해 시민이 사망하는 사건은 2018년에도 있었습니다. 서울시 마포구에 거주하던 할머니 한 분이 통신 장애로 119에 신고를 하지 못해 심장마비로 돌아가신 것이죠. 바로 2018년 11월에 있었던 KT 아현지사 화재 사고 때문입니다. KT 아현지사 지하 1층, 통신 장비와 광케이블이 밀집한 곳에서 불이 나 서울 일대

통신이 두절된 것입니다. MBC 〈PD수첩〉의 보도(2019년 1월 8일)에 따르면 통신구 맨홀 속에는 허리까지 오물이 가득 차 있었고, 방치된 통신 케이블들은 곧 끊어질 것처럼 위태로워 보였습니다. 그리고 이러한 통신구의 관리 소홀은 경영 효율화에 따른 시설관리의 외주화에 있다고 설명합니다.

비정규직과 시간의 불공평성

직업에는 귀천이 없다는 말이 있습니다. 하지만 비정규직이 지금 처한 현실을 대한다면 이 말이 아직도 유효할까 싶습니다. 노동에 앞서 어떤 계약을 하고 일을 하느냐, 어떤 이와 계약을 맺고 일을 하느냐에 따라 귀천이 달라지니 말입니다.

노동을 단순화해볼 필요가 있습니다. 사람의 시간에 수고나 노력이 더해져 노동이 됩니다. 정년 계약을 맺고 일하는 것과 일 년 계약을 맺고 일하는 것에는 어떤 차이가 있을까요? 홍길동과 계약을 맺고 홍길동의 공장에서 일하는 것, 심수근과 계약을 맺고 홍길동의 공장에서 일하는 것은 어떤 차이가 있을까요? 일할 때의 수고나 노력이 동일하다면 그 노동 역시 같은 가치를 가진다고 보아야 할 것입니다. 하지만 실제에서는 일 년 계약이라는 이유로, 심수근과 계약을 맺었다는 이유로 더 낮은 임금을 받게 됩니다.

물론 우리 법은 그 신분이 정규직이든 비정규직이든, 동일한 가치의 노동에 대해 노동 조건을 차별해서는 안 된다고 정하고 있습니다. 하지만 수많은 업무 중 몇 가지 업무를 더하고 빼서 정규직과 비정규직의 노동을 다르게 보이도록 하는 것, 그렇게 어려운 일이 아닙니다.

우리는 정규직과 비정규직 간에 임금 격차가 존재한다고 말하죠. 하지만 임금 격차가 존재한다는 말에는 가치 평가가 배제되어 있습니다. 따라서 "임금 격차가 존재한다"라는 표현보다는 "임금이 불공평하다"라는 말이 더 적합합니다.

한편, 임금을 종속변수로 놓는다면 시간이 불공평하다고 말할 수도 있습니다. 같은 수고와 노력을 했는데도 불구하고 시간의 평가 가치를 다르게 함으로써 임금이 달라진다고 바라보는 것이지요.

정규직과 비정규직 간의 갈등을 보고 있노라면, 임금의 불공평보다는 시간의 불공평이라고 해석하는 편이 더 정확할 듯합니다. 많은 경우 정규직과 비정규직이 혼재된 사업장 내에서 '우리'라고 하면, 정규직 입장에서는 비정규직이, 비정규직 입장에서는 정규직이 배제되기 때문입니다. 그래서 비정규직은 사업장에 조직되어 있는 노동조합에 가입할 수도 없게 됩니다. 노동조합이 이미 정규직으로 구성되어 있거든요. 이 상황에서 '우리'의 시간이 다른 이의 시간보다 더 가치 있고 소중한 건 당연한 이치일 겁니다. 기업, 정규직 노동자, 비정규직 노동자라는 삼면 관계가 존재한다면, '우리'라는 울타리에는 기업과 정규직 노동자만이 들어가게 됩니다.

기업의 갈등 조장 전략

위험의 외주화 역시 이의 연장선에서 읽을 수 있습니다. 생명이나 신체에 위험한 일을 '우리'가 아닌 비정규직에게 맡기는 거죠. 위험의 외주화는 비정규직이 정규직보다 장애로 인해 삶이 질적으로 악화될 가능성 또는 사망으로 인해 삶이 양적으로 끝날 가능성이 높다는 걸 의미합니다. 삶이 시간임을 알아차린다면 이역시 시간의 불공평이라고 할 수 있습니다.

하지만 이것들을 정규직 노동자의 이기심 탓으로 돌려서는 안 됩니다. 이들 또한 몸을 통한 노동으로 가족의 생계를 꾸릴 수밖에 없는, 비정규직 노동자들과 같은 노동소득자이기 때문입니다.

　노동자라는 주된 본질에서 차이가 없는 이들끼리 서로를 적대시하는 것은 기업의 갈등 조장 전략 탓입니다. 기업은 최소한의 이익만을 노동자에게 내어놓고 정규직 노동자들로 하여금 그 안에서 분배액을 결정하도록 합니다. 비정규직 노동자들이 낮은 임금에 대해 항의하면, 정규직 노동자들이 많이 가져가는 탓이라고 합니다. 기업 편에 서 있는 언론들은 정규직 노조에 대해 '귀족노조'라는 비난을 퍼붓습니다. '노동하는 귀족'이 모순되는 어구임을 알면서도 프레임을 그렇게 짜서 퍼뜨리고 있죠. 결국 '우리'라는 울타리로 기업과 정규직 노동자들이 묶인다는 것은 정규직 노동자들만의 생각에 불과합니다. 기업 입장에서는 '우리'가 아닌 '나'만 존재합니다.

　그럼에도 불구하고 저는 일터에서 '우리'라는 단어를 놓지 않으면 좋겠습니다. 그 울타리의 멤버를 기업에서 비정규직 노동자들로 교체하는 일도 없으면 좋겠습니다. 그 대신 울타리를 넓혀 모든 이를 감싸 안으면 좋겠습니다. 배제에서 벗어나려고 다른 배제를 선택하는 것은 옳지 않기 때문입니다. 이것은 자본이 없다면 노동도 없다는 현실 때문이기도 합니다. 그렇게 하다

보면 정규직과 비정규직이라는 차별의 단어도 없어지리라는 희망을 가져봅니다. 차별이 아닌 구별의 의미로만 남을 수 있으리라는 소망을 품어봅니다.

비정규직의 정규직 전환은 공정하지 않은 걸까

비정규직의 정규직화에 대한 반론

2017년 문재인 정부가 들어서고 가장 기억에 남을 만한 일은 인천국제공항공사 방문이었습니다. 그 자리에서 사장은 비정규직의 정규직화를 대통령에게 약속했지요. 이건 눈을 의심할 만한 뉴스였습니다. 대통령 한 명 바뀌었다고 사장이 비정규직을 정규직으로 전환하겠다는 약속을 하다니. 공공기관이라고는 해도 법 개정으로도 하기 힘든 일을 기관 방문 한 번으로 끝내버리다니. 대통령을 잘 뽑았다는 생각이 들었습니다.

이 사건을 시작으로 비정규직의 정규직화가 전체 공공기관으로 퍼져나갔습니다. 또 공공기관을 넘어 민간에서도 비정규직의 정규직 전환을 실시하는 기업이 나타나고 있습니다.

물론 전환의 속 내용을 본다면 그리 만족스러운 것만은 아닙니다. 기업의 직접고용이 아니라, 자회사를 만들어 하청업체 혹은 협력업체 직원들을 편입시키는 방법이 많이 활용되고 있거든요. 진정한 의미의 정규직 전환이라고 할 수 있느냐는 비판이 제기되는 이유입니다. 저 역시 이 비판에 동의합니다만, 고용안정성 면에서 전보다는 나아졌다고 할 수 있습니다. '기껏 한 걸음'이 아니라 '시작되는 한 걸음'으로 생각할 필요가

비정규직은 어떻게 신분이 되었을까

있습니다.

앞에서도 계속 말씀드렸다시피, 비정규직은 노동시장 내에서 하나의 신분으로 작용합니다. 임금이나 고용 기간뿐 아니라 안전에서도 차별이 존재합니다. 그래서 한국 사회의 비정규직 문제는 정상(正常)에서 이탈했다고 평가받고 있습니다. 비정규직의 정규직화는 비정상화를 정상화하려는 시도입니다.

하지만 비정규직의 정규직화에 예상치 못한 반론이 제기되었습니다. 목소리를 낸 이들은, 다름 아닌 공공기관의 정규직 저연차 그룹이었어요. 그들은 비정규직의 정규직화가 결과의 평등만을 중요시한 채 공정성을 무시했다고 주장합니다. 지금의 정규직들은 이십여 년을 노력하여 몇백 대 일 혹은 몇천 대 일의 엄혹한 경쟁을 뚫고 그 자리에 왔습니다. 이에 반해 비정규직들은 필기시험조차 제대로 보지 않은 채 입사했다는 것입니다. 비정규직을 정규직으로 전환할 경우, 그리하여 그 두 그룹을 동일하게 할 경우 과정의 공정성은 깡그리 무시된다는 말입니다.

공정성의 의미를 살펴볼 필요가 있습니다. 공정성은 흔히들 기회의 공정성이라고 이해됩니다. 정규직 입사라고 한다면 누구에게나 동일하게 입사 원서가 배부되고, 입사 원서를 제출하고, 동일한 시험을 치르고, 공정한 채점에 따라 점수별로 채용 여부가 결정될 때 입사 관리가 공정하게 이루어졌다고 합니다. 하지만 이는 입사 관리에서의 공정성일 뿐입니다. 공정성에 관해 존 롤즈(John Rawls)의 정의론을 살피고자 합니다.

존 롤즈의 정의론과 공정성의 의미

미국의 법철학자 존 롤즈는 『정의론』을 통해서 정의의 두 가지 원칙을 정립합니다. 제1원칙은 모든 개인이 모든 이와 양립할 수 있는 동등한 자유를 갖는다는 것입니다. 기본적 자유의 원칙이라고 하지요. 제2원칙은 두 가지로 구체화됩니다. 먼저 사회경제적 불평등이 있을 수는 있지만 이 불평등은 공정한 기회 균등의 원칙하에 나타난 결과여야 한다는 것(공정한 기회 균등의 원칙). 그렇다 할지라도 이 불평등 역시 최소 수혜자에게 최대의 이익이 되어야 한다는 것(차등의 원칙)입니다.

존 롤즈가 말한 공정한 기회 균등의 원칙이 바로 비정규직의 정규직화에서 논란이 되는 공정성이라고 할 수 있습니다. 공정한 기회 균등의 원칙을 더 알아보기 위해, 그의 저서 『공정으로서의 정의』에 나오는 서술을 옮겨봅니다.

공정한 기회 균등은 공직과 사회적 지위가 형식적 의미에서 열려 있을 뿐만 아니라 모두가 그것을 차지할 공정한 기회를 가질 것을 요구한다. 공정한 기회의 관념을 구체화하기 위해서 우리는, 천부적 재능의 분배를 가정할 때, 동일한 수준의 재능과 능력, 그리고 이러한 자질을 이용하려는 동일한 의욕을 가진 이들은 그들의 출신 사회 계급, 즉 그들이 태어나서 성인이 될 때까지 성장하는 계급과 무관하게 동일한 성공의 전망을 가져야 한다고 말한다. …과도한 재산과 부의 집중, 특히 정치적 지배로 이어지기 쉬운 집중을 방지하기 위해 자유 시장 체계는 경제 세력들의 장기 동향을 조정하는 정치적·법적 제도의 틀 안에 놓여야 한다. 또한 무엇보다도 사회는 가족의 소득에 관계없이 모두가 평등하게 교육받을 수 있는 기회를 확립하여야 한다.[4]

롤즈에 따르면 취업에서의 공정성은 입사 관리에서의 공정성으로 좁혀지지 않습니다. 공정한 기회 균등의 조건이 의미하는 바는 신분제가 없다거나 누구나 대학에 입학할 자유를 누려야 한다는, 혹은 누구나 공공기관이나 대기업에 입사할 자유를 가져야 한다는 정도의 '형식적 기회 균등'만을 의미하지 않거든요. 태어나서 성인이 될 때까지 성공의 전망을 동등하게 가지는 것. 예컨대 부모들의 소득 차이에 의한 자녀들의 교육 훈련 기회, 질 좋은 일자리에의 취업 가능성이 크게 달라져서는 안 된다는 '실질적 기회 균등'도 갖추어져야 한다는 것이죠. 이것을 직업 능력 습득 단계에서의 공정성이라고 표현해도 무방할 것입니다.

취업은 노력으로만 결정되지 않는다

그렇다면 과연 우리 사회에서는 직업 능력 습득 단계에서의 공정성이 확보되어 있다고 말할 수 있을까요? 공정성이 결여되어 있다면, 비정규직의 정규직화가 공정성에 반한다는 주장은 눈 가리고 아웅에 불과합니다.

좋은 직장에 취업하는 안전한 루트를 생각해봅니다. 첫째, 공부를 잘한다. 둘째, 좋은 대학에 입학한다. 셋째, 학점을 잘 받는다. 넷째, 학과 공부 외에 다른 활동으로 매력도를 높인다. 다섯째, 입사 원서를 넣고 시험을 잘 치른다. 공정하다는 것은 단계마다 경쟁하는 이들의 출발선이 동일하다는 것, 개인의 노력만이 성취

여부를 결정한다는 것을 의미할 겁니다. 만일 각 단계의 결과가 개인의 노력만으로 결정되지 않는다면, 공정성이 결여되어 있는 건 아닐까 의심해볼 필요가 있습니다.

생애주기에서 직업 능력 습득 단계를 지나는 이들, 즉 아동–청소년–청년 초기에 속한 이들의 특징은 부모 및 양육자의 소득을 통해 삶을 영위한다는 것이죠. 따라서 부모의 재력이 직업 능력 습득 단계에서의 공정성을 손상시킬 확률은 없는지 생각해보아야 합니다.

부모의 재력, (특목고나 자사고, 명문 대학에의 입학 가능성을 포함한) 교육 훈련 기회, (공공기관 혹은 대기업과 같은) 소위 '좋은 회사'에의 입사라는 세 가지의 관계는 어떨까요? 물론 부모의 소득 및 자산이 자녀가 받는 교육 훈련의 질을 결정하지는 않으며, 질 좋은 교육 훈련으로 평가되는 소위 명문 대학에의 입학이 질 좋은 일자리의 획득을 보장하지는 않습니다. 하지만 그 가능성으로 볼 때 이들 간의 상관관계는 비교적 높다는 것이 사회적으로 공유되어 있습니다. 그렇지 않다면 가계 지출에서 상당히 높은 사교육비 비중을 설명하기는 불가능하니까요. 이들의 상관관계를 입증하는 연구들도 꾸준히 발표되고 있습니다. 여기서는 딱 세 가지만 소개할까 합니다.

부모의 재력과 취업의 상관관계

먼저 소득 하위 계층일수록 부모 소득이 증가함에 따라 자녀 교육비에 투자하는 비중은 높아지지만, 교육비 투자가 자녀의 소득 수준에 미치는 영향은 더 낮아진다는 연구 결과가 있습니다.[5]

연구 결과가 알려주는 내용은 이렇습니다. 교육 수준이 소득 수준에 미치는 영향이 크다는 것을 모두가 인식하기에, 소득 증가는 자녀의 교육비 투자로 이어지게 됩니다. 하지만 소득 하위 계층은 소득 자체가 적은 탓에 지출되는 자녀 교육비가 적을 수밖에 없어, 자녀의 소득에 미치는 영향이 상대적으로 미미할 수밖에 없다는 겁니다. 소득에서 자녀 교육비가 차지하는 비중은 오히려 소득 하위 계층일수록 더 높은데도 말입니다. 쉽게 예를 들자면 월 소득이 200만 원인 부모가 소득의 20퍼센트를 투자한 교육비 40만 원보다 월 소득 1,000만 원인 부모가 소득의 10퍼센트를 투자한 교육비 100만 원이 자녀의 소득 향상에 더 효과적이라는 이야기죠. 부모의 경제적 관점에서 보면 너무나 당연한 이야기지만, 내가 어디서 태어날지 몰랐던 자녀의 입장에서는 불공정하다고밖에 말할 수 없습니다.

대학의 명성이 임금에 영향을 미친다는 연구 결과도 있어요.[6] 연구에 따르면 상위 30위권 대학 안에서 대학 명성을 5점 만점으로 측정했을 때, 명성이 1점 상승하면 임금이 약 5퍼센트 증가합니다. 연구자는 이 결과가 대학 입학 성적 때문일 수도 있다고 가정한 것 같습니다. 입학 성적을 동일하게 놓고 다시 연구를 진행했으니까요. 결과가 달라지긴 했습니다, 5퍼센트에서 4퍼센트로. 입학 성적을 동일하게 놓는다 해도 대학 명성이 임금에 주는 효과는 약 4퍼센트였습니다. 연구자가 다시 한 발짝 더 나아갑니다. 영어 성적까지 동일하게 놓아봤습니다. 영어가 빠지니 수치는 좀 더 줄어드는데, 이때 대학 명성의 효과는 약 2.7퍼센트였습니다. 그리고 이러한 대학 명성이 임금에 대해 가지는 효과는 소득이 높은 가정의 자녀에게 더 크게 나타났습니다.

한편 연구의 내용에 포함되지는 않았습니다만 우리 모두는 알고 있습니다. 부모 소득이 높을수록 좋은 점수를 받아 상위권 대학에 들어갈 확률이 높아지고, 어학연수 등을 통해 영어 점수가 높아지기 쉽다는 사실을 말이죠.

마지막으로 취업 준비 기간에 관한 연구를 소개할까

합니다. 가계소득에 따른 취업 준비 기간의 차이가 있을까요? 만일 있다면 그 차이는 어떻게 될까요? 혹시 가계소득이 높을수록 취업 준비 기간이 짧아질까요? 이 연구는 그 반대라고 이야기합니다.[7] 대졸자 중 학자금 대출 의존자의 85%가 취업하는 데 걸린 기간은 18개월인 반면 대출에 의존하지 않은 대졸자는 23개월이었습니다. 가계소득이 낮아 학자금 대출에 의존해 학교를 졸업한 이들이 다섯 달이나 일찍 취업한 겁니다.

어떤 생각이 드시나요? 혹시 헝그리 정신? 하지만 다음 결과를 보면 그런 생각이 사라질 겁니다. 학자금 대출 의존자의 첫 직장 평균 임금이 그렇지 않은 사람보다 약 5퍼센트 낮았으니까요. 결국 가계소득이 적어 일찍 취업했다는 의미입니다. 어떤 노동이건 해서 돈을 벌어야 했다는, 즉 그에게 주어진 취업 준비의 시간이 충분하지 않았다는 거지요.

결국 비정규직의 정규직화가 공정성에 반한다는 주장은 타당하지 않습니다. 직업 능력 습득 단계부터 공정한 게임은 이루어진 적이 없었으니까요. 부모의 재력으로 단계마다 출발선이 달랐으니까요.

비정규직은 어떻게 신분이 되었을까

잃어버린 정의 회복하기

이 글이 대기업이나 공공기관에 정규직으로 입사한 이들의 노력을 폄훼하는 것으로 읽히지 않기를 바랍니다. 정규직 입사자들은 그들의 표현대로 놀 거 안 놀고 입사를 위해 치열하게 준비한 사람들임을 저는 알고 있습니다. 그들의 노력은 인정받을 필요가 있으며 폄훼되어서는 안 됩니다. 또 이들 중에는 아르바이트로 생활비를 벌면서도 잠자는 시간을 줄여가며 더 많은 노력을 한 이들도 있습니다. 이런 사람들의 노력은 더 인정받아야 합니다.

하지만 노력을 인정하는 것과 사회적 정의를 확보하는 것은 분리해서 생각해야 합니다. 저는 지금의 비정규직 문제가 사회적 정의에 반한다고 생각합니다. 존 롤즈의 정의론을 다시 언급해보죠. 비정규직이 되기까지의 경쟁들이 공정한 기회 균등의 원칙에 반할 뿐 아니라, (노동 조건, 고용 기간 및 안전 등에서) 차별적 신분으로 작용하는 비정규직의 현실은 최소 수혜자에게 최대의 이익이 보장되어야 한다는 차등의 원칙에도 반하니까요.

잃어버린 사회적 정의를 회복할 필요가 있습니다. 물론 비정규직의 정규직화로 인해 이 사회에서 찾아볼 수 없었던 정의가 '짠' 하고 나타나는 것은 아닙니다.

하지만 약간의 실루엣쯤은 볼 수 있지 않을까요? 그리고 이 실루엣은 시간의 흐름에 따라 대한민국 사회 공동체의 노력에 따라 임금 격차가 줄어들고 고용이 보장되는, 신분과 상관없이 노동을 통해 인간다운 삶을 누릴 수 있게 되는, 그러한 모양과 색을 갖춘 사회적 정의의 모습으로도 나타날 수 있을 것입니다.

노동에서의 사회적 정의가 확보된다면, 장기적으로 봤을 때 치열한 노력 끝에 좋은 일자리에 취업한 지금의 정규직에게도 이익이 됩니다. 우리가 낳아서 키울 아이들이 더 편해질 테니 말입니다. 적어도 저는 제 딸들이 지금과 같은 노동시장을 만나게 하고 싶지 않습니다. 그들이 좀 더 행복하고 자유롭게 노동을 준비할 수 있기를, 그리고 노동할 수 있기를 원하니까요.

IV

취업을 준비하는 시간은 동일할까

내일을 위해
내일을
당겨쓰는 삶

나의 학자금 대출기

몇 년 전 지하철의 스크린 광고 하나를 재미있게 본 기억이 납니다. 처음 보자마자 킥킥 웃었습니다. 월급 맛통장. 한 달 열심히 일해서 월급을 받았는데 카드 값, 대출금 등이 한꺼번에 빠져나가면서 월급은 맛만 본다는 내용입니다.

저 역시 다르지 않습니다. 월급이 들어오면 각종 부채가 이 돈들을 조금씩, 혹은 뭉텅이로 빼 갑니다. 그중 세 군데는 다름 아닌 학자금 대출입니다. 대학원을 다니면서 받았던 대출들인데, 원리금 하나와 이자 둘입니다. 이자만 나가는 것은 아직 거치 기간인 탓이지요.

제 학자금 대출 경력은 20여 년 전으로 거슬러 올라갑니다. 학자금 대출을 처음으로 받은 때는 2학년이던 1997년이었습니다. 이유는 잘 모르겠지만 그 당시 제 주소지는 다른 곳으로 되어 있었습니다. 대출에 필요한 서류를 발급받기 위해, 처음 가보는 동네를 헤매던 기억이 아직 남아 있습니다. 제가 직장을 다니기 시작한 해가 2005년이니, 소득이 있기 8년 전부터 부채를 떠안았던 거죠. 다행히 그때의 기억이 나쁘지는 않았습니다. 내 명의의 대출이 나올 수 있다는 것이 신기했고, 이제 어른이 된 것 같아 뿌듯하기까지 했습니다.

취업을 준비하는 시간은 동일할까

그 후로도 저는 몇 번 더 그 동네를 갔습니다. 물론 학자금 대출을 위해서였지요.

　그 당시 저는 대학을 다니기 위해 비싼 등록금을 낸다는 데 아무런 거부감이 없었습니다. 무언가를 배우기 위해서는 돈을 내는 것이 당연하다고 생각했습니다. 교육을 받는 것 또한 소비니까요. 오히려 대학 등록금을 낮은 이율로 빌려주다니 참 괜찮은 나라라고 생각했지요. '왜 대학 등록금이 가계에 부담이 되어야 하는가'라는 불만은 없었습니다. 그때의 제가 사회의식이 부족해서였을 수도 있고, 우리 사회가 거기까지 생각하기에는 너무나 멀리 있었던 탓일 수도 있습니다. 그럴 만도 했습니다. 중학교 무상교육조차도 2002년에야 전면 도입되었으니까요. 고등학교 무상교육은 그로부터 17년이나 지난 2019년 단계적 도입 계획이 발표되었습니다.

빚에서 시작되는 경제활동

　　"학자금 대출이 거의 처음으로 시작됐을 때 대출받았습니다. 일찍 취업했고 매달 상환하려 했으나 그 당시에는 개인에게 통보도 없이 회사로 급여에서 징수하겠다고 통보됐습니다. 학자금 대출이 흔하지 않던 시절이라 회사에 가난한 사람으로 낙인찍혔던 경험이 있네요. 또한 이 학자금 때문에 출발 자체가 많이 늦었다는 생각도 했고 학자금 상환하느라 저축을 많이 못 해 결혼도 일찌감치 포기했고요."[8]

참여연대 설문조사에 응답한 어느 직장인의 사례입니다. 학자금 대출 경험이 저축과 결혼에 미치는 영향을 잘 보여줍니다. 가난이 부끄러운 것은 아니지만, 낙인찍힌다는 느낌은 어쩔 수 없습니다. 저 또한 몇 년 전에야 학부에서의 학자금 대출 상환이 끝났습니다. 학자금 대출은 대학 졸업 후 압박으로 다가옵니다. 하지만 학자금 대출을 받는 대학생의 비율은 2010년대 중반까지 늘어 왔습니다. 수치를 확인해봅니다.[9]

연구에 따르면 4년제 대학생의 학자금 대출 비율은 2005년 5.1퍼센트에서 2014년 16.4퍼센트로 늘었습니다. 학자금 대출 비율은 당연히 부모 소득에 따라 차이가 나게 됩니다. 같은 기간 부모의 소득이 월 1,000만 원 이상인 학생 중에서는 2.5퍼센트에서 6.5퍼센트로 늘었을 뿐이지만, 부모의 소득이 월 300만 원 미만

취업을 준비하는 시간은 동일할까

인 대학생 중에서는 5.8퍼센트에서 21.4퍼센트로 증가했습니다. 2014년 기준 사립대학 평균 등록금이 학기당 약 367만 원임을 고려하면 부모의 소득이 월 300만 원인 경우 소득 내에서 등록금이 차지하는 비중은 약 20.4퍼센트입니다. 아마도 학자금 대출을 받은 21.4퍼센트는 그나마 사정이 나은 편이었을 겁니다. 그렇지 않은 대학생들은 휴학을 결정했을 테니까요. 다행인 것은 국가장학금의 확대로 인해 학자금 대출 비율이 계속 낮아져 2017년 2학기와 2018년 1학기에는 12.6퍼센트가 되었다는 점입니다.

하지만 대학 4년을 생각해본다면 학자금 대출을 안고 졸업하는 대학생들은 비율이 상당합니다. 참고로 통계청에 따르면 부채를 보유한 20대의 비율은 2017년 기준 48.1퍼센트이며, 평균 부채 규모는 2,385만 원이었습니다.

1990년대 중반만 해도 두 명 중 한 명만 대학에 들어갈 수 있었습니다. 대학 합격은 선택받은 자의 몫이라고 표현할 수도 있었죠. 선택을 받았다는 것만으로도 고마워서, 등록금이 가계에 큰 부담으로 다가왔을지라도 당연히 내야 한다고 생각했을 겁니다. 그 배경에는 등록금 지출 대비 졸업 후 임금 인상이라는 투자수익

률이 높은 것도 있었습니다.

하지만 2004년을 지나며 대학 합격률은 80퍼센트를 넘어서게 됩니다. 조금 무리해서 표현하자면 대학 교육이 보편화된 거죠. 이후 시간이 흐르며 '대학 졸업=좋은 직장에의 취직'이라는 등식도 깨집니다. 하지만 그렇다고 해서 대학을 포기하는 쪽이 현명한 선택지가 되지는 못합니다. 대학을 포기하면 괜찮은 일자리를 얻을 가능성 자체가 없어지니까요. 아이디어 창업으로 성공하는 것과 같은 예외적인 경우가 아닌 한 말이죠. 그보다 더 큰 문제는 대학 교육이 보편화되며 대학을 졸업하지 못한 이들에게 가해지는 특별한 시선일 겁니다. 또 하나의 낙인이죠.

사회 구조가 바뀌었다면 대학 등록금의 부담 주체도 바뀌어야 맞습니다. 개인이나 가족에서 사회나 국가로 옮겨져야만 합니다. 대학을 나와야만 괜찮은 삶의 수준을 꿈꿀 수 있도록 만든 이가 사회와 국가이기 때문입니다.

Carpe Diem!

참 아이러니하죠? 대학을 졸업해야 괜찮은 직장을 얻을 수 있는 사회. 하지만 먼저 빚을 떠안아야 대학을

취업을 준비하는 시간은 동일할까

졸업할 수 있는 사회. 아마도 내일을 준비하기 위해 내일을 당겨써야 하는 사회가 대한민국 사회일 겁니다. 그렇게 해서라도 다행히 내일이 온다면 다시 과거를 갚아야 합니다.

Carpe Diem!

영화 〈죽은 시인의 사회〉에서 키팅 선생님이 외친 이 말은 과연 진리일까요? 한국 사회에서 실제로 이 말을 행동에 옮길 수 있는 사람들은 정말로 복 받은 사람들이 아닐까요?

학자금 대출로 살아가는 것이 조삼모사(朝三暮四)와 같은 삶일 수도 있습니다. 어쩌면 삶 자체가 조삼모사인지도 모르겠습니다.

하지만 분명한 건 아침의 욕망과 저녁의 욕망이 달라질 수 있고, 내가 경험할 수 있는 것은 지금 보내고 있는 아침뿐이라는 점입니다. 지금 이 아침에 우리 모두가 행복했으면 하는 바람입니다. 저녁이 되면 그때 다시 행복해질 수 있는 일을 찾아보기로 하고 말입니다.

나의
아르바이트는
왜
차별받을까

나의 아르바이트는 직업일까

〈내일은 사랑〉 그리고 〈우리들의 천국〉.

1990년대 초에 큰 인기를 누린 청춘 드라마들입니다. 대학생들이 주인공인 드라마로, 중·고등학생 시절 텔레비전에서 이것들은 꼭 챙겨 봤습니다. 재미뿐 아니라 핑곗거리도 있었거든요.

"난 TV를 보면서 대학 입학을 위한 마인드컨트롤을 하고 있어."

그도 그럴 것이 중·고등학생에게 이 드라마에 나오는 대학 생활은 천국 자체였습니다. 공부도 안 할뿐더러 연애에만 능합니다. 이 드라마를 볼 때만큼은 열심히 공부해야겠다는 생각, 절로 들었습니다. 실제로 그 시절의 대학생들은 그랬습니다. 고민은 많을지언정 스스로 돈을 벌어야 한다는 걱정은 별로 없었던 시기, 그것이 바로 1990년대의 대학생 시절이었죠.

요즘은 대학 생활이 많이 바빠졌습니다. 취업을 위한 학점 관리부터 아르바이트까지. 대학생이 돈을 버는 일은 더 이상 특별한 경우가 아닙니다. 한 아르바이트 포털 사이트의 설문조사에 따르면, 응답한 대학생의 55.3퍼센트가 학기 중에도 아르바이트를 하고 있습니다.

방학이라는 여유 기간을 떠나 학기 중에도 노동을 한다는 것. 용돈만으로는 생활비가 부족하다는 것을 의미합니다. 경험 쌓기로만 보기에는 무리가 있지요. 젊어 고생은 사서도 한다지만, 고생은 말 그대로 사서 할 수 있을 때 자유롭고 의미 있는 경험이 됩니다. 지나고 보면 의미 없는 시간이 없을 테지만, 생활을 위해 피할 수 없는 노동은 그 당시만큼은 고생 자체에 불과합니다.

대학생이 아르바이트를 하는 것이 이상하거나 잘못되었다는 말은 아닙니다. 성인이란 스스로 그 삶을 책임질 수 있는 이를 뜻하니, 오히려 대학생들이 노동을 통해 자신의 삶을 꾸려가는 것은 당연하고 자연스러운 일일 겁니다.

문제는 아르바이트라는 것의 특성에 있습니다. 노동은 노동이되, 직업이 아니라는 것이죠. 우리나라에서 '아르바이트'는 부업이라는 의미로 쓰입니다. 본래의 직업이 아닌 임시로 하는 일(부업). 이것이 표준국어대사전의 풀이입니다. 독일어 Arbeit의 '노동'이나 '일'이라는 원래의 뜻에 '임시의' 혹은 '부차적인'이라는 의미

133

가 더해진 것입니다.

그렇다면 우리말로 아르바이트라 부르는 노동을 하는 이에게는 본래의 직업이 별도로 존재한다고 인식할 수 있을 듯합니다. 아르바이트를 하는 이들이 가진 본래의 직업은 무엇일까요? 대학생, 혹은 취업준비생일까요? 대다수가 그렇게 생각하고 있는 것만 같습니다. 아르바이트를 하고 있는 이들뿐 아니라 아르바이트생을 고용하고 있는 이들도 말이죠.

하지만 대학을 다닌다는 것, 혹은 취업을 준비하고 있다는 것은 직업이 되지 못합니다. 생계를 유지할 소득이 공부하는 데서 창출되지는 않으니까요. 표준국어대사전에 따르면 직업은 "생계를 유지하기 위하여 자신의 적성과 능력에 따라 일정한 기간 동안 계속하여 종사하는 일"로 정의됩니다. 생계 수단으로서의 계속적인 소득 창출이 필요하죠. 헌법재판소가 내리는 직업에 대한 해석 또한 동일합니다. 여기에 헌법재판소는 "겸업이나 부업은 삶의 수요를 충족하기에 적합하므로 직업에 해당한다고 말할 수 있다"[10]라고 덧붙입니다.

여기서 고민은 다시 시작됩니다. 본래의 직업이 없는 이들이 하게 되는 아르바이트라는 유일한, 그리고 계속적인 노동은 왜 부업으로만 취급되느냐는 것입니다. 이 문제는 세 가지 차원에서 접근이 가능합니다. 낮은 임금과 짧은 노동 시간, 사업장의 적은 인원입니다.

미래를 꿈꿀 수 없게 만드는 최저임금

먼저 대부분의 아르바이트는 임금 수준이 최저임금에 맞춰져 있습니다. 이 자체가 특별한 문제가 되지는 않을 거예요. 문제는 최저임금이 싱글라이프의 생존 이상을 담보하지 못하는, 즉 생존을 넘어 자신이 원하는 삶을 꾸리기에 적합하지 못한 수준이라는 데 있지요.

특히 2020년의 최저임금 1,795,310원으로는 가족을 꾸릴 만한 정신적 여유를 마련할 수가 없습니다. 혹자는 부부가 함께 벌면 총 360만 원이라는 단순 계산을 하겠지만, 가족공동체의 상당수가 아이와 함께 이루어짐을 간과해서는 안 됩니다. 아이의 탄생은 육아를 동반하며, 육아는 가족 내 임금노동자를 두 명에서 한 명으로 줄여버립니다. 물론 결혼을 하고 아이를 낳아야만 원하는 삶이 이루어지고 정상적인 삶을 영위하는 것은 아닙니다. 하지만 노동으로 원하는 삶을 선택하고 꾸릴 수 있다는 것은, 임금 수준으로 인해 결혼이나 출산을 '포기하는 것'이 아니라 '선택하지 않을 수 있음'을 의미합니다.

낮은 수준의 최저임금은 짧은 노동 시간을 유발합니다. 임금이 낮으니 더 길게 일해야 하지 않을까라는 추측도 가능하겠지만, 이는 순진한 생각입니다. 오히려 그 반대예요. 짧은 노동으로 최소한의 생계비를 확보한 후, 나머지의 시간을 더 나은 직장 찾기에 투여하는 것이 합리적이기 때문입니다.

쪼개기 알바의 등장

> "지난해 제대를 하고 한 학기 동안 일할 아르바이트를 알아보던 서 모씨(25)는 단기 구직 사이트에서 편의점 아르바이트 자리를 구하려다가 분통이 터졌다. 주 5일 근무하는 편의점 자리가 얼마 없어 순식간에 마감됐기 때문이다. 대신 주휴수당을 피해 주 2일 근무자를 찾는 공고가 많은데, 여기서 일하게 되면 아르바이트를 두 탕 혹은 세 탕 뛰어야 한다."[11]

작년 말부터 '쪼개기 알바'라는 단어가 신문 기사에 자주 등장하고 있습니다. 원래 한 명이 하던 아르바이트 시간을 쪼개 여러 명을 고용하는 형태입니다. 예를 들어 주 40시간을 13시간 혹은 14시간으로 쪼개 아르바이트 세 명을 고용하는 것이지요.

이렇게 되면 주 40시간의 노동에 대한 임금이 필요한 아르바이트 노동자들은 한 군데가 아닌 세 군데의 일터를 찾아다녀야 합니다. 언뜻 생각하기에는 근무 장소만 여러 곳으로 바뀌는 것 같지만, 뜻하지 않은 불편이 생깁니다. 예전에는 아르바이트를 하고 있는 동안에는 새로운 아르바이트를 찾을 필요가 없었지만, 이제는 다른 구직 활동을 겸해야 합니다. 쪼개기 알바만으로는 생활비가 부족하니까요.

그런데 일터를 찾기도 쉽지 않습니다. 지금 근무 시간대와 겹치지 않는 곳으로 찾아야 하니 선택지마저 좁아집니다. 그러다 보니 어렵게 구한 일터가 기존 일터와 거리가 먼 경우도 발생합니다. 일터가 한 군데였을 때에는 거주지를 옮길 수라도 있었겠지만 이제는 그러지도 못합니다. 거주지가 어디든 멀어지는 일터는 생기니까요. 결국 주 40시간의 아르바이트였을 때보다 출퇴근 시간이 늘어나고 교통비도 더 들게 됩니다.

근무 내용에서도 불편함이 가중되는 건 마찬가지입니다. 한 군데 알바였을 때와는 달리 일에 익숙해지기까지 더 오랜 기간이 걸립니다. 익숙해지기까지 근무

중 긴장도가 높아지는 건 자연스러운 일이죠.

또 일반적으로 정해진 시간보다 일찍 출근하고 늦게 퇴근하기 때문에, 아르바이트가 늘어날수록 임금을 받지 않는 노동 시간도 늘어나게 됩니다. 준비 시간과 정리 시간 역시 노동 시간임은 분명하지만 이를 요구하기는 쉽지 않습니다.

신문 기사들은 쪼개기 알바의 원인을 최저임금법 시행령의 개정에 돌리기도 합니다. 물론 이전에도 주 15시간 이상 근무하는 아르바이트생에게 주휴수당을 반드시 줘야 했습니다. 그럼에도 불구하고 대형 사업장 등 눈에 띄는 사업장을 제외하고 아르바이트생들에게는 있으나마나한 규정이었습니다. 잘 알지도 못했고, 안 줬다고 해서 법적 절차로 끌고 가는 일도 드물었으니까요. 하지만 시행령 개정으로 주휴수당을 주지 않으면 형사처벌을 받는 데다 이에 대한 인식이 사회 일반에 높아졌다고 합니다. 반드시 줘야 하는 분위기이니 안 줄 수는 없고, 아르바이트의 노동 시간을 15시간 밑으로 쪼갠다는 거죠.

쪼개기 알바의 원인을 시행령 개정에 돌릴 수는 없습니다. 원래 있었지만 잘 알지 못했던 사실을 이제야 잘 알게 되었을 뿐인데 그게 무슨 문제인가요? 문제는 다른 곳에 있습니다. 바로 한 주 15시간이라는 노동 시간의 경계죠.

우리 근로기준법은 주 15시간을 유급휴일과 연차휴가의 경계로 삼고 있습니다. 주 15시간 미만의 노동에는 유급휴일과 연차휴가를 부여하지 않아도 된다고 규정하는 거죠. 주 15시간인 경계를 넘어설 때 고용주가 지급해야 할 시간당 인건비는 주 14시간인 경우보다 25퍼센트가 높아집니다. 알바 쪼개기는 고용주 입장에서 합리적인 선택일지 모릅니다.

[표] 주당 아르바이트 시간에 따른 월 인건비 계산

구분	주 14시간	주 15시간
실제 노동 시간에 따른 임금	540,000원 (1만 원×14시간×4주)	600,000원 (1만 원×15시간×4주)
주휴수당	-	120,000원 (1만 원×3시간×4주)
연차휴가 수당	-	30,000원 (1만 원×3시간×1개월)
월 인건비 소계	540,000원	750,000원
실제 노동 1시간당 인건비	10,000원	12,500원

※ 계산의 편의상 최저임금을 시간당 1만 원, 1개월을 4주로 가정

취업을 준비하는 시간은 동일할까

주 14시간과 15시간이라는 노동 시간의 차이는 임금 차이만을 불러일으키지 않습니다. 주 15시간이라는 경계는 노동하는 사람을 고용보험의 가입자에 편입시키기도, 빼기도 합니다. 우리 고용보험법은 원칙적으로 주 15시간 이상의 노동에 참여하는 사람만을 대상으로 하고 있기 때문입니다.

주 15시간이라는 경계선은 지금도 합리적일까

근로기준법에서 주 15시간이라는 경계가 발생한 시기는 1997년이었습니다. 이 당시의 근로기준법 개정은 단시간 노동자를 보호하는 데 초점이 맞추어져 있었어요. 단시간 노동자들을 노동 시간에 비례하여 보호할 수 있도록 한 것입니다. 예를 들면 하루 4시간의 노동자들에게도 일주일에 4시간에 해당하는 유급휴일을 부여해야 하며, 한 달에 1일씩 유급휴가를 주어야 한다고 말이에요. 그러면서 15시간 미만 노동자들에게는 주휴일이나 유급휴가를 주지 않아도 된다는 예외 규정을 함께 만들었던 것입니다.

통계치를 찾기는 쉽지 않으나 1997년 당시 주 15시간 미만 노동자의 비율은 매우 적었으리라 추측됩니다. 주 5일 근무가 시행된 해가 2003년이니 그 이전에는 하루 3시간씩 근무를 매일 한다고 해도 주당 노동 시간은 6일 치인 18시간이었으니까요. 이를 이유로 그 이전에는 주 15시간이 아닌 주 18시간 미만 노동자 통계가 쓰이고 있었습니다. 이런 상황들을 고려한다면 1997년의 이런 기준이 매우 불합리해 보이지는 않습니다. 이해할 수 있다는 이야기지요.

하지만 지금은 1997년과는 다릅니다. 2015년 기준으로 주 15시간 미만 노동자는 585,453명으로 전체 노동자의 3.04퍼센트입니다. 게다가 이들의 근무 기간은 96.6퍼센트가 1개월 이상, 81.6퍼센트는 6개월 이상입니다. 주 15시간 미만 노동이라고 하여 임시직으로 보기가 힘들다는 것이죠.

상황이 이렇다면 이 노동 시간의 경계선에 대해 지금도 합리적이라고 말할 수 있을까요? 혹시 주당 15시간이 안 된다는 이유로 그 노동이 차별받고 있는 것은 아닐까요?

물론 반론이 예상됩니다. 아르바이트생을 고용하는 영세 자영업자가 더 힘들어질 것이라는 게 첫 번째일 것이고, 이렇게 따지자면 주당 한 시간의 노동도 동일하게 취급하자는 것이냐, 어느 지점에선가는 선을 그어야 하지 않느냐는 반론이 두 번째일 것입니다.

취업을 준비하는 시간은 동일할까

하지만 생각을 조금 달리 해볼 필요가 있습니다.

첫 번째는 노동의 보호 혹은 노동의 존중이 고용주의 손해와 같다고 보는 사고에서 벗어날 필요가 있습니다. 고용주가 영세 자영업자라면, 노동자에게 지급되는 주휴수당이나 휴가수당을 국가가 지원해줄 수도 있을 테니까요.

두 번째는 어디선가 경계선을 그을 필요를 인정한다 하더라도, 선을 그은 후에 그 선에 미달하는 노동을 모두 버리는 방식을 취할 필요는 없다는 것입니다. 예를 들어 주 10시간의 노동자라고 한다면, 4주 40시간의 노동이 끝난 후 4일 치, 즉 8시간분의 주휴수당을 지급하는 방식을 취할 수도 있습니다.

물론 이러한 제안이 즉흥적이라고 비판받을 수 있습니다. 정책적 숙고 과정을 더 거쳐야 한다는 말을 들을 수도 있을 거예요.

하지만 제가 하고픈 말은 이 제안이 옳다거나 반드시 관철되어야 한다는 것이 아닙니다. 어떤 노동이라도 하찮게 취급받아서는 안 된다는 것입니다. 일하는 곳이 대기업이냐 중소기업이냐에 따라 임금이 달라지는 것은 어쩔 수 없을지라도, 적어도 노동 시간의 길이로 인해 그 노동의 가치가 차별받아서는 안 된다는 것입니다.

내 연차휴가 수당은 어디로?

지금 아르바이트를 하고 있거나 경험이 있는 분이라면, 몇 페이지 전에 생소한 단어를 발견했을지 모릅니다. 연차휴가, 그리고 연차휴가 수당. 분명히 주 15시간 넘게 일을 했는데 주휴수당은 받아봤어도 연차휴가나 연차휴가 수당은 들어본 적이 없다고 하실 분들이 있을 겁니다.

연차휴가는 1년 이상 80퍼센트 이상 근무한 노동자에게 주어야 하는 유급휴가입니다. 근무 기간이 채 1년이 안 되었다고 하더라도 한 달을 개근했다면 하루씩의 연차휴가를 주어야 합니다. 그리고 연차휴가를 사용하지 못했다면, 연차휴가에 대신하여 수당을 주어야 합니다. 연차휴가는 노동자가 쉴 수 있는 권리, 즉 휴식권을 보장하는 제도입니다.

하지만 연차휴가가 모든 노동자에게 부여되는 것이 아닙니다. 연차휴가가 규정된 근로기준법은 상시 5인 이상의 노동자가 있는 사업장에만 적용되는 것을 원칙으로 하기 때문이죠. 근로기준법 중 몇몇 규정만 5인 미만 사업장에도 적용하고 있습니다. 직원이 5인이 안 되

취업을 준비하는 시간은 동일할까

는 사업장에서는 연차휴가 규정이 적용되지 않습니다.

연차휴가뿐 아니라 주 40시간이라는 노동 시간 제한, 연장노동이나 야간노동, 휴일노동을 할 때 더 지급되어야 하는 50퍼센트의 가산임금 역시 5인 미만의 사업장에서는 제외됩니다. 다수의 청년이 하는 아르바이트, 편의점이나 커피숍, PC방과 같이 적은 수의 노동력을 필요로 하는 사업장에서는 이것들이 모두 제외된다는 말입니다.

정책적이고 행정적인 면에서 접근한다면 근로기준법의 적용 범위에 제한을 둔다는 것이 꼭 불합리하다거나 차별적이라고 볼 수는 없습니다. 현실적으로 1인 혹은 2인의 노동으로 운영되는 사업장에서 연차휴가까지 부여하기는 어려워 보입니다. 상시 5인 미만의 사업장에까지 노동 감독이 행해지는 것 또한 쉽지 않습니다.

하지만 노동의 가치적 측면에서의 접근은 노동 자체로서만 판단되어야 합니다. '왜 노동하는 장소에 따라 노동의 가치가 달라져야 하는가?'라는 질문입니다. 현실적으로 어렵다거나 불가능하다는 실용적 판단이 아니라, 옳으냐 그르냐의 문제에서부터 접근해야 합니다.

예를 들면 본사 직영 커피숍에서의 노동과 가맹 커피숍의 노동이, 또 본사 직영 편의점에서의 노동과 가맹 커피숍의 노동이 다른 가치를 가지느냐, 혹은 가치를 달리 평가하는 것이 옳으냐의 문제입니다. 달라지는 것은 사업장의 규모뿐이며 노동의 가치가 달라지는 것은 아닐진대, 왜 직영점 아르바이트 노동자는 연차 휴가를 부여받는데 가맹점 아르바이트 노동자는 부여받지 못하는가의 문제입니다.

누군가는 현실적으로 어렵다는 답을 하고자 할지 모릅니다. 하지만 현실론은 이 물음의 답이 되지 못합니다. 옳은지에 관한 답을 회피한 채 꺼내 드는 현실론은 '그르다'라는 답을 내포하고 있습니다.

우리 모두는 '그르다'라는 답에 대해 솔직해질 필요가 있습니다. 그 후 '어떻게 해야 하지?'라는 물음을 던져야 합니다. 이 물음 후에 현실론을 고려하여 머리를 맞댈 필요가 있습니다. 그래야 답이 나옵니다. 한 번에 확 바꾸자는 답이든, 연착륙 방안으로 서서히 바꾸자는 답이든, 지금 어떤 답을 내리기는 어려우니 몇 년 후까지 방안을 고민해보자는 답이든 말입니다.

못
먹어도
GO

직장은 인연일까

제가 노동소득자가 된 때는 지금으로부터 14년 전인 2005년이었습니다. 2004년 사법시험 2차 시험을 치르기 전부터 이번이 마지막 시험이라고 마음속으로 벼르고 있었지요. 시험을 마치고 나서도 마찬가지였습니다. 집안 사정도 뻔했고, 시험에 붙은 친구들한테 한 해 더 도와달라고 손 벌릴 염치도 없었습니다. 합격자 명단에서 내 이름을 찾아볼 수 없었습니다. 그날, 저는 같이 공부했던 선배 누나와 함께 한강에 가서 펑펑 울었습니다. 며칠이 더 지나 해가 바뀌었습니다. 누나는 특수교육학과 편입 시험을, 저는 공무원 시험을 준비하기 시작했습니다.

직장도 인연일까요? 공무원 준비를 하던 도중 무심코 넣었던 이력서가 통과되면서 저의 노동 이력이 시작되었습니다. 운이 좋게도 필기시험과 면접시험에 아는 문제들이 등장하면서 말입니다. 누나 역시 그해 편입 시험을 붙더니만, 다음 해에는 그 어렵다는 특수교사 임용시험에 붙었습니다. 그래서 저는 직장도 인연이라는 생각을 가지게 되었습니다.

하지만 이건 시대를 잘 타고난 아저씨의 낭만이 아닐까요? 직장에 인연이 있는 것이 아니라 그 시절엔 그

취업을 준비하는 시간은 동일할까

랬던 겁니다.

퇴근 후 집 앞 프랜차이즈 커피숍에서 자판을 두드리고 있는 제 앞에는, 대학생으로 보이는 여성이 앞치마를 두르고는 바쁘게 움직입니다. 여자 화장실에서 쓰레기를 담아 나오더니 남자 화장실로 이동합니다. 한 시간 전 카운터에서 제게 커피를 만들어줬던 그 여성입니다.

제 추측대로 이 친구가 대학생이라면, 그는 낮에 학교에 있었을 겁니다. 강의실에서 전공 수업을 들었을 것이고, 도서관에서 토익 책과 씨름했을 테며, 학생식당에서 끼니를 때웠을 것입니다. 학기가 시작되기 전인 저번 달에는 학자금 대출 신청을 했을지도 모릅니다. 운 좋게 전액 장학생이 되지 않았다면 말입니다. 2019년 기준 시간당 8,350원인 최저임금으로 등록금과 생활비를 감당하며 공부를 영위한다는 것은 어림없는 소리니까요. 그의 4년이란 시간은 그렇게 노동과 공부로 채워질 것입니다. 빚도 함께 채워가며 말이죠.

이 4년은 그에게 어떤 의미를 지닐까요? 그는 공부하기 위해 노동을 합니다. 4년이 다 채워지면 더 괜찮은 노동이 자신을 기다릴 것이라 희망하면서 말이죠. 어찌 보면 대학 입학만을 바라보면서 지낸 고등학교 3

년과 별반 차이가 없습니다. 대학이 직장으로 바뀌고, 공부뿐이었던 것이 공부와 노동으로 분화된 것입니다. 여기에 학자금 대출이라는 게 덤처럼 붙었습니다. 월례행사처럼 포털의 실시간 급상승 검색어로 등장하는 '청년실업률'. 그는 이 엄혹한 현실을 뚫을 수 있을까요?

취업을 준비하는 시간은 공평할까

저는 이 질문들을 던져놓고 자판 앞에서 한참을 망설입니다. 어쭙잖은 미안함보다는 담배 연기를 들이마셔도 안 풀리는 답답함 때문입니다. 가끔은 전망을 내비치는 것이 그 어떤 표현보다 잔인합니다. 그 전망이 합리성을 갖출 때면 더욱 그렇습니다.

저는 합리성의 탈을 쓴 잔인함을 선택해야겠습니다. 이는 사회법을 연구하는 스스로에 대한 무력함의 고백이기도 하며, 비난이기도 합니다.

대학이 지성의 전당이라는 말은 오래전에 사라졌습니다. 대학은 취업률로 평가되며, 젊은 교수들은 스스로를 노동자들을 만드는 '생산직 노동자'로 칭하는 자조의 유머를 나누게 된 지 오래입니다. 바로 쓸 수 있는 인재를 만들어달라는 기업들의 요구는 노골화되었고, 국가는 이에 응답하여 국가직무능력표준(NCS)을 만들어 대학들을 압박하고 있습니다. 물론 직무능력표준이 기업이 진짜 원하는 것인지는 다른 문제입니다. 국가가 원하는 대학은 노동자를 찍어내는 컨베이어벨트가 됐으며, "인간의 노동은 상품이 아니다"라는 필라델피아 선언은 한국 사회에서 유물로 전락한 것만 같습니다.

아르바이트와 공부를 병행하는 4년이 지나면 괜찮은 일자리가 기다릴 것이라는 희망은 꿈에 가깝습니다. 그가 올라타고 있는 컨베이어벨트를 거쳐 질 좋은 일자리를 구한 이들은 하나의 상징에 불과합니다. 그가 아르바이트를 하는 동안 또래 중 하나는 해외로 어학연수를 다녀올 것이고, 다른 하나는 난이도가 있는 자격증 시험을 준비할 겁니다. 또 다른 하나는 대기업의 무급 인턴을 착실히 수행하며 이력서에 넣을 문구들을 쌓아나가겠죠. 모두 '부모를 잘 만나' 그 당시의 생존과 관계없이 노동을 위한 준비에만 몰두할 수 있는 여건의 친구들입니다.

이 경우에는 시간 활용에 자유가 인정됩니다. 노동을 위한 준비 시간이지만 그들이 '누리는' 시간이기도 합니다. 생존과 즉각적이고 직접적인 관련성이 없으니,

언제든 이 활동을 접거나 다른 활동으로 전환할 자유가 부여되기 때문입니다. 결국 노동소득자를 준비하는 미취업자들 사이에서 시간은 불공평해집니다. 이 불공평은 본인의 능력이 아닌 부모의 소득으로부터 기인합니다.

아르바이트를 병행하며 대학을 졸업한 그는 소위 괜찮은 기업에서 바로 쓸 수 있는 인재가 되지 못할 확률이 높습니다. 커피숍에서의 계산이나 음료 제조, 청소는 기업에서 원하는 직무 능력에 포함되지 않기 때문입니다. 그는 선택의 기로에 놓이게 됩니다. 아르바이트를 유지하면서 괜찮은 기업의 입사를 계속 노크하든지, 일단은 자신을 받아주는 기업으로 들어간 후 더 나은 기업으로 옮길 기회를 찾든지. 어느 쪽을 택하든 그의 하루하루는 괜찮은 기업에 입사하는 것, 즉 미래의 '희망하는' 노동을 위한 준비 시간으로 채워질 겁니다.

잘못된 게임

누군가는 노력을 이야기합니다. 희망을 버리지 말고 더 많은 노력을 하라고 이야기합니다. 하지만 희망과 노력, 이것만으로 우리가 원하는 바를 달성할 수 있을까요?

의자놀이를 한번 상상해봤으면 합니다.[12] 다섯 명이 의자놀이를 하고 있습니다. 하지만 의자는 세 개뿐입니다. 그리고 다섯 명의 출발선은 모두 다릅니다. 부모의 소득과 자산에 따라 출발선이 달라지는 게임, 공정하지 않습니다.

　이 게임에서 '나'는 희망을 버리지 않고 더 많은 노력을 통해 의자를 차지할 수 있을지 모릅니다. 하지만 '우리'는 아닙니다. 우리 모두가 앉을 수 있는 의자는 없기 때문입니다.

　좋은 일자리를 만들 책임은 국가에 있기에, 국가는 우리에게 공동체를 말할 자격이 없습니다. '우리'라는 공동체를 생각할 수 없게끔 한국 사회를 만들어놓았기 때문입니다. 청년들에게 중동으로 나가라, 동남아시아로 나가라, 하는 것 역시 어쩌면 이러한 사고의 연장일 겁니다.

룰이 잘못된 게임. 룰을 당장 바꿀 수도, 플레이를 중단할 수도 없는 게임. 플레이어들은 어떻게 해야 할까요?

PLAY!

무기력하다고 여겨질지 몰라도 플레이 버튼을 계속 누르는 수밖에 없습니다. '일단은 내가 살고 봐야지'라는 생각이 아니라 '세상에서 가장 소중한 건 나'이기 때문입니다. 당신이 없으면 이 세상도 없기 때문입니다.

부탁건대 플레이 버튼을 누를 때는 앞에서 말한 합리적이고 비관적인 전망을 수용하지 않으면 좋겠습니다. 어느 누구도 다른 이의 삶을, 또 본인의 삶을 쉽게 단정할 수는 없으며, 그렇게 단정해서도 안 되기 때문입니다. 확률은 일반적인 전망치에 불과하며, 이를 구체적인 개별 사건에 대입할 수는 없으니까요. 야구에서 3할 타자가 다음 타석에 들어서서 안타를 칠 확률은 결코 30퍼센트가 아닙니다. 50퍼센트입니다. 그리고 이것은 그가 4할 타자여도 1할 타자여도 똑같습니다. 안타를 치거나, 못 치거나.

삶을 확률에 가두는 순간, 우리의 삶은 의미가 없어집니다. 확률이 높은 일은 달성한다 해도 희열이 없으며, 확률이 낮은 일은 계획에서 사라집니다. 희열이 없는 삶, 슬픔이 없는 삶은 곧 살아갈 이유가 없는 삶입니다.

우리의 삶은 확률대로 결과가 나올 수도, 확률을 배반할 수도 있습니다. 변하지 않는 것은, 우리에게 절망적인 확률이 있다는 것과 우리의 삶은 확률로 결정되지 않는다는 것입니다. 그리고 변할 수 있는 것은, 우리가 확률에 의존해 살아갈 것이냐, 그러지 않을 것이냐입니다. 이럴 때 쓰는 말이 있습니다.

"못 먹어도 GO!"

잘 안되면 돌아가면 됩니다. 우리 인생이 경주도 아니니까요.

혹시나 잘되었다면 뒤를 보고 손을 내밀어 줍시다. 당신을 잊은 게 아니라는 의미에서 말입니다.

취업을 준비하는 시간은 동일할까

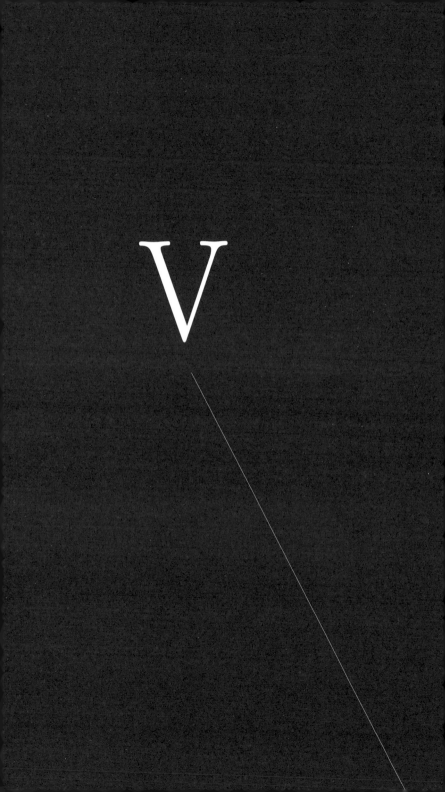

V

게으름과 노력, 그 일란성 쌍생아

시간에
쫓기면
　　게으른 걸까

나의 근거 없는 자신감

'근자감'이라는 말이 있지요? '근거 없는 자신감'을 줄인 건데, 전 이 단어를 좋아합니다. 저를 유쾌하게 하거든요. 몸이 가벼워지는 것도 같고. 한 것 없이 어떤 선물을 받았다는 기쁨 아닐까요?

무엇인가에 자신감을 가지게 되면 일이 즐겁고 할 만해집니다. 아니, 원래는 거꾸로죠. 할 만하니 자신감을 갖게 되고, 그러하니 즐거워지는 거죠. 그런데 무언가 할 만해지기 위해서는 그렇게 믿을 구석이 필요합니다. 운동이나 게임에서처럼 어느 정도의 경험치가 쌓여야 하죠. 시간과 노력을 들인 경험치가 내 안의 긴장을 풀어주는 겁니다.

근자감이 좋은 것은 반대여서입니다. 자신감이 있으니 즐거워지고, 즐거운 탓에 자꾸 해보게 되고, 경험치가 쌓이게 됩니다. 근자감이 근거 있는 자신감으로 변하게 되는 과정이죠.

신기한 건, 모두 다르겠지만 사람마다 이 근자감을 가지는 영역이 있다는 겁니다. 손으로 무엇인가를 만들거나 조작하는 데 자신감을 가질 수도 있고, 낯선 사람과 커뮤니케이션하는 데 별 어려움을 못 느낄 수도 있어요.

159

게으름과 노력, 그 일란성 쌍생아

제 경우는 글쓰기였어요. 그런데 돌이켜보면 이건 정말 근자감이었습니다. 초등학교부터 고등학교 시절까지 글쓰기와 관련해서 상을 타본 기억은 단 한 번이었거든요. 그것도 산문이 아닌 운문, 최우수상이나 우수상도 아닌 장려상. 그런데도 저는 스스로 글을 잘 쓴다고 믿고 있었습니다. 신기하게 말이죠. 그 덕에 논문을 쓰겠다고 덤벼들어 학위를 땄고, 지금 이 책도 쓰고 있습니다. 진정한 근자감이 무엇인가를 저 스스로 보여주고 있습니다.

이렇게 보면 흔히들 비꼬는 말로 쓰이는 근자감이 꼭 나쁜 의미만은 아닌 것 같아요. 근자감 덕에 도전이 쉬워지고, 안 좋은 평가 결과에도 비교적 쿨하게 반응할 수 있도록 도와주니까요. 물론 맨 처음 실망과 좌절에 휩싸이는 건 모두 마찬가지겠지만, 조금 지나서는 주변의 편협함을 탓하며 정신 승리하게 됩니다.

근자감의 단점

모든 것이 그렇든 근자감에도 단점이 있습니다. 자신의 수준에 대한 인식을 방해한다는 거죠. 주제 파악이 안 되며, 분수를 모른다고도 표현됩니다. 근자감의 영역이 글쓰기라면? 공모전에서 떨어진 글에 대해서도 애착을 끊지 못합니다. 그 글이 제자리를 찾지 못한 거라고 안타까워하며, 손에서 놓지 못하게 되죠. 3년 전어느 공모전에 냈던 글 역시 제게 그러합니다. 글의 첫부분은 아래와 같습니다.

여느 날과 같다. 나는 잠실에서의 노동을 끝내고 동숭동 집으로 돌아왔다. 밀폐된 공간에 가득 찬 사람들, 출퇴근 시 지하철 4호선 안에 들어가 있는 약 5분은 살아간다는 것의 숨 막힘을 다시금 확인시켜준다. 동숭동에서 시작되는 저녁의 삶 또한 마찬가지다. 세수를 하고 아내가 차린 저녁 식사를 나눈다. 식사 후에는 돌이 갓 지난 아이를 무릎 위에 앉히고 그림책을 읽어준다. 아이가 남편에게 가 있는 동안에도 아내는 분주하기만 하다. 식탁을 치우고 식기세척기에 그릇들을 차곡차곡 개어놓는다. 식기세척기를 사자고 할 때 그게 얼마나 잘 닦이겠냐고 시큰둥하던 아내는, 들여놓은 지 일주일이 채 못 되어 식기세척기 찬양론자로 변했다. 아내는 주방 정리를 끝내고는 아이를 목욕시킨다. 그동안 나는 아이가 꺼내놓았

게으름과 노력, 그 일란성 쌍생아

던 책들과 장난감을 정리한다. 아이의 목욕이 끝나면, 아내는 아이와 함께 안방으로 들어간다. 아이가 잘 시간이다. 그리고 나는 가방을 바꿔 둘러메고 집을 나온다. 결국 오늘도 아내와 나, 둘만의 오붓한 대화는 자연스럽게 없어질 것만 같다. 운이 좋다면 한밤중에는 가능할지 모른다. 기쁘게도 말이다.

커피숍에 도착해서는 콘센트가 설치된 자리를 찾아 가방을 먼저 풀어놓는다. 다시 카운터로 가서 아메리카노를 주문한다. 나는 노트북을 열고, 참고논문들을 책상에 쌓아놓는다. 마음이 급하다. 학술지의 투고 마감일이 얼마 남지 않았다. 시간에 쫓긴다.

생각해보면 나는 항상 시간에 쫓겨왔다. 그도 참 신기한 일이다. 항상 시간에 쫓기다니. 시간처럼 공평한 것도 없을 텐데. 그리 생각하니 내가 참 게으르다.

글 전체에서 전 이 서두가 제일 좋았습니다. 빠른 전개가 맘에 들었거든요. 박민규의 소설을 반복해 읽는 것처럼, 공모전에서 떨어진 글을 가끔 꺼내 읽는 것 역시 속도감 있는 문장 때문이었습니다. 제가 썼다는 사실에 스스로 감탄해 마지않으며 말입니다. 이렇게 몇 번을 읽다 보니 의아함이 발견됩니다. 근자감에서 벗어나면서 "아! 이래서 떨어졌구나"하고 깨닫게 됩니다. 마지막 부분, 시간에 쫓기는 것을 게으르다고 탓하는 단락입니다.

게으름의 조건

시간에 쫓긴다고 게으르다고 할 수 있을까요? 시간에 쫓긴다는 것은 해야 할 일의 마감 시간이 눈앞에 닥쳐 있음을 의미합니다만. 이것을 게으름의 결과라고 할 수 있을까요?

누군가에게 게으르다고 하기 위해서는 시간이 충분했어야 합니다. 그렇지 않다면 게으르다는 말은 나오기 어려울 테니까요. 시간이 모자란 상황에서 게으르다고 하는 건, 천 원짜리 한 장을 쥐여주며 초코파이 한 상자와 우유를 산 후 남은 돈은 가져도 된다고 말하는 것과 같습니다.

그렇다면 제게 논문 쓸 시간은 충분했을까요? 원칙적으로 하루 8시간, 주 40시간의 노동. 있었다고 내세우기란 미안하지만, 그럼에도 존재하는 약간의 육아 시간. 그리고 먹고 자고 배설하는 시간. 이러한 일들과 논문을 쓰는 것 중 무엇이 내 삶에 더 중요할까요?

저는 무조건 앞에 있는 걸 선택합니다. 노동과 육아 등이 생존 자체를 위한 것들이라고 한다면, 연구를 하고 논문을 쓰는 건 생존을 삶으로 바꾸는 일입니다. 생존이 삶으로 바뀌지 않는다면 의미를 가지지 못하겠지만, 생존이 없다면 의미를 떠나 나 자신이 없어지기 때문입니다. 누군가는 배부른 돼지보다 배고픈 소크라테스가 되겠다고 한다지만, 전 이 '모 아니면 도' 식의 무모한 선택지의 문제를 풀 생각이 없습니다. 누군가가 선택을 강요한다면 전 두 번째 보기 아래의 여백에 '③ 하루 세 끼 적정한 분량의 쌀밥을 먹는 소시민'이라고 적어놓을 생각입니다.

결국 논문을 쓸 수 있는 시간이 충분했는지는 생존 자체를 위한 시간을 제외하고 따져봐야 합니다. 충분했을까요? 모호해집니다. 그런데 무슨 일을 하는 데 시간이 충분했는가는 시간의 양뿐 아니라 하는 사람의 역량에 따라 달라집니다. 한 시간에 50킬로미터를 이동한다고 했을 때, 자동차로는 충분한 시간이지만 자전거로는 부족한 시간이지요. 하지만 사람의 역량을 자동차처럼 수치화하기란 불가능합니다. 사람은 기계가 아니니까요.

일단은 논문 쓸 수 있는 시간이 충분했다고 생각하고 계속 글을 써보겠습니다. "의심스러울 때는 피고인의 이익으로"라는 어구는 글쓰기에 적용되지 않을뿐더러(우스갯소리입니다ㅋ), 그리해야 다른 생각들이 더 나올 수 있을 테니까요.

시간이 충분했다 해도 게으르다고 하기 위해서는, 조건이 있습니다. 논문을 쓰지 않았어야 하죠. 방 안을 서성이며 쓸 말을 생각하는 행위, 의자에 엉덩이를 붙이고 키보드를 두드리는 행위가 없었어야 합니다. '하지' 않았어야 하는 거죠. 너무 당연한 이야기라 허탈하기도 합니다. 하지만 우리는 너무도 자주 이것을 건너뛰고 게으르다는 판단을 해버립니다. '해야 한다'는 당위가 앞선 나머지 결과만을 보고, 하지 않았다고 비난하는 것이죠.

게으른 것은 생각보다 괜찮은 일일지 모른다

앞의 사례에서 만일 제가 그 시간 동안 논문을 쓰려 했으나 아이디어나 논리가 떠오르지 않아 지지부진했던 것이라면 어떨까요? 이건 안 한 게 아닌 못 한 것입니다. 저 자신의 역량을 탓해야지, 스스로를 게으르다고

165

할 것이 아니죠. 삼 년이 지난 지금도 계속해서 논문을 읽고 쓰고 있는 스스로를 생각한다면, 저 글을 쓸 때 저는 게으르지 않았습니다. 역량이 부족한 것은 별도로 하고 말이죠. 물론 게을렀다는 평가를 내려야 덜 부끄러울 것 같긴 합니다만.

반대로, 논문을 써야 한다는 사실을 잊고 있거나 회피하고 있었던 것이라면 어떨까요? 제가 실제로 그랬던 것은 아닙니다만, 이때는 안 한 것이니 자신을 게으르다고 탓해도 되겠지요.

하지만 이 경우에는 게으른지 여부가 중요한 게 아닙니다. 내가 하려고 했던 것을 잊거나 회피하고 있었다는 게 중요합니다. 이것은 그 일이 제게 중요하지 않다는 것을 알려주는 신호이기 때문입니다. 이 신호를 발견한다면 우리는 그 자리에 멈춰 서서 GO 혹은 STOP을 진지하게 고민할 필요가 있습니다. 마뜩잖은 일을 하면서 살기엔 우리 삶은 너무 짧으니까요. 해야 할 일을 망각하거나 회피하는 것, 그 당시에는 자신을 게으르다고 자책하게 될지라도 삶 전체로 본다면 괜찮은 일임이 틀림없습니다.

우리는 왜
습관적으로
비교를
할까

비교로서의 게으름

게으르다는 말은 그것을 할 충분한 시간이 있어야만 가능합니다. 그런데 얼마만큼의 시간이어야 충분한 걸까요? 물론 무슨 일이냐에 따라 다르겠지만, 더 중요한 건 그 일을 하는 이가 누구냐는 것입니다. 같은 일이라 하더라도 사람에 대한 기대가 반영될 테니까요.

우리는 역량이 부족한 사람에게 게으르다고 말하지 않습니다. 회사 역시 마찬가지죠. 신입사원에게 과장이 해야 할 일을 맡겨놓고 과장과 같은 업무 처리 속도를 요구하지는 않으니까요. 게으르다는 말을 이렇게 이해한다면 칭찬이 될 수 있습니다. 그의 역량을 인정한 셈이니까요.

하지만 우리 일상에서 게으르다는 말이 칭찬으로 쓰이지는 않습니다. 세상에 어떤 과장이 신입사원과의 비교를 칭찬이라고 들을까요? 누군가에게 게으르다고 한다면 그 비교 대상은 당연히 동일 수준의 역량을 가진 다른 사람 혹은 집단이 됩니다. 그리고 이 비교 대상은 대개 명시되지 않습니다.

한편 비교라는 것은 둘 이상의 사물 혹은 사람을 견주어 서로의 유사점 및 차이점을 밝히는 일입니다. 그런데 이 유사점과 차이점이라는 것이 숫자로 셀 수 있을 만큼 간단치 않아요.

예를 들어 저, 양승광을 영화배우 정우성과 비교해볼까요? 정우성의 팬들은 이 문장을 보고 책을 덮어버릴지도 모르겠습니다. 정우성 비하라며 말이죠. 정말로 죄송합니다. 하지만 저 역시 정우성의 팬이니 넓은 이해를 부탁드립니다.

차이점만 수두룩 빽빽할 것 같지만 유사점도 그러합니다. 사람이라는 사실을 빼고도 말이죠. 아직 정우성을 만나보지 못했지만, 확인해보면 셀 수 없이 많은 점이 비슷할 것만도 같습니다.

물론 정우성과 저의 유사점이 그렇게 많이 존재한다고 할지라도, 당신이 제 팬이 될 것 같지는 않습니다. 정우성의 훤칠한 키와 중저음의 보이스, 입이 다물어지지 않는 얼굴 생김새. 제게서는 찾아보기 힘드니까요.

정우성의 건강한 생각들과 존경할 만한 태도들에 팬이 되었다고 할지라도, 키와 목소리, 얼굴은 우리가 정우성에게서 포기할 수 없는 부분입니다. 이것들로 인해 당신은 양승광과 정우성이 다르다고 단정하겠죠. 저 역시 그 의견에 동의합니다. 더 나아가 '정우성이 옳고 양승광이 틀리다'라고 해도 수긍할 자세가 되어 있습니다. 정우성과의 비교인데 틀리다고 하면 좀 어떨

169

까요? 비교 자체가 영광이니까요. 모든 사람이 꽃보다 아름다울 테지만, 정우성은 훨씬 더 아름다울 겁니다.

이렇듯 비교에서는 유사점과 차이점을 밝힙니다만, 모든 사항을 그렇게 분리해낼 수 있는 건 아닙니다. 그건 불가능합니다. 가능하다 하더라도, 그것을 통해 우리가 밝혀낼 수 있는 건 아무것도 없습니다. 특히 사람의 비교는 더욱더 그러합니다. 모든 사람은 독자성을 가지기 때문이지요.

따라서 비교에서는 무엇을 중요하게 여기느냐가 핵심입니다. 중요 사항을 먼저 간추린 후 이것들을 유사점과 차이점으로 나누는 것이 비교의 프로세스입니다. 인식하고 있지 못할지라도 우리는 이미 그렇게 하고 있습니다.

게으르다는 말 또한 마찬가지입니다. 이것은 비난이기 이전에 비교이기 때문입니다. 유사점으로는 역량, 정확히 말하자면 기대되는 역량이 될 겁니다. 차이점으로는 일의 처리 속도겠죠. 기대되는 역량은 유사한데 결과 산출이 늦어지니 게으르다는 말이 나오게 됩니다. 누군가를 게으르다고 평가할 때, 우리는 그에게 기대하는 역량을 낮추지 않습니다. 기대 역량을 낮춘다면 성과 개선을 요구할 수 없으니까요.

역량 기대의 습관화

게으르다는 말이 일상에서 난무하는 것은 역량에 대한 기대가 습관화되어 있기 때문입니다. 역량 기대가 습관화되면 비교는 일상화됩니다. 비교가 행해지는 곳이 일한 대가를 주는 회사라면 그나마도 이해할 수 있습니다. 기대 역량이 정해진 급여를 심하게 넘어서지 않는다면, 냉정히 생각해서 받아들일 만합니다. 월급을 주는 고용주의 답답함을 이해할 수 있다는 의미죠. 사람에 대한 비교가 도의적으로 피해야 할 것임과는 별개로 말입니다.

문제는 역량에 대한 기대가 필요 없는 곳에서도 비교가 행해진다는 거예요. 예를 들자면 학교라는 교육 현장. 학교는 성적으로 학생들의 게으름에 관한 기준선을 제공합니다. 이 정도 설명했으면 이 문제는 풀 수 있어야 한다거나, 이 문제를 풀지 못하는 것은 노력이 부족한 것이라는 등으로 말입니다. 하지만 사람마다 분명한 차이를 보이는 지적 능력을 고려한다면 이러한 획일적 기준이 합리적일까요? 아닐 겁니다. 교육법은 모든 국민이 능력과 적성에 따라 교육받을 권리를 가진다고 규정하지만, 이 멋진 선언은 문제를 풀 수 있는지 여부 앞에서 무력화됩니다.

게으름과 노력, 그 일란성 쌍생아

사람마다 능력에 차이를 보인다는 것은 너무 당연한 사실입니다. 이를 증명하기 위해 따로 근거를 들이댈 필요는 없습니다. 지적 능력이 다양하다는 것은 얼굴이 다양하다는 것과 같습니다. 둘의 차이점이라면 서열화가 가능한가, 그 정도가 아닐까요?

하지만 지적 능력이라고 하더라도, 이를 하나로 인식하고 서열화해버리는 것은 무모하거나 무지한 일입니다. 지적 능력은 특정한 하나로 합쳐질 수 있는 것이 아니거든요.

실제로 하워드 가드너(Howard Gardner)는 인간의 지적 능력이 언어, 논리-수학, 공간, 음악, 신체운동, 대인관계, 개인, 자연 탐구, 실존이라는 아홉 개의 독립된 요소로 구성되어 있다고 말합니다.

고등학교 시절을 돌이켜보자면, 제가 가장 어려워했던 과목은 수학이 아니었습니다. 많은 학생들이 애를 먹었던 수학에서는 다행스럽게도 시험마다 선방을 하면서 넘어갔었죠. 하지만 수학에서도 고등학교를 마칠 때까지 어려워했던 단원이 두 개 있었는데, 바로 공간도형과 벡터였습니다. 선생님께서는 머릿속에 그림을 그리라고 하시는데, 제 머릿속에는 칠판이 없었는지 도저히 불가능했습니다. 공부를 한다고 문제집을 푸는데 이해가 되는 건 그 순간뿐이었습니다. 시험에서 제가 접한 문제와 조금이라도 다르게 응용되어 출제되면 여지없이 틀렸습니다.

자연계 반이었던 고등학교 3학년, 제가 인문계로 수능을 치겠다며 여름방학 때 인문계의 사회 과목 공부를 혼자 시작했던 건 이 두 개 단원의 영향이 어느 정도 작용했습니다. 인문계 수능의 수학에서는 그것들이 제외되어 있었거든요. 인문계 전환으로 저는 공간도형과 벡터에 작별 인사를 했습니다.

하지만 인문계로 전환한 후에도 제 안에는 '나는 수학을 못하는 사람'이라는 자괴감이 계속 남아 있었습니다. 공간도형과 벡터에서 실패했기 때문이죠. 특히 벡터는 아직도 제게 미지의 영역입니다.

상황이 이렇다면 지적 능력을 하나로 묶어버리기에는 쉽지 않아 보입니다. 제가 아니더라도 주변에 영어는 잘하는데 수학이 안 되는 학생이 얼마나 많은가요? 또 다른 과목은 힘들어하는데 국어만 잘하는 학생들도 적지 않게 있습니다.

성과로 노력을 측정할 수는 없다

학생들이 문제 풀이에 어려움을 겪을 때 선생님께

가장 많이 듣는 말. 공부 좀 열심히 하라는, 혹은 게으르다는 말일 겁니다. 선생님께 게으르다는 지적을 받았을 때 어떤 영민하고 두려움이 없는 아이는 다음과 같이 이야기할 수 있을지도 모르겠습니다.

"게으른 게 아니라 제 머리가 안 되는 거예요."

이 예기치 않은 도발에 선생님은 어떤 대응을 할까요? 이 선생님이 차분할 뿐 아니라, 언제나 학생에게 용기를 북돋아 주는 태도가 몸에 배었다고 가정해보죠. 그는 도발을 하소연으로 들을 것이고, 애정 어린 눈빛과 온화한 목소리로 다음과 같이 이야기할 겁니다.

"아니야. 너는 네 능력을 모르고 있는 거야. 넌 노력을 적게 한 채 머리를 탓하고 있단다."

여기에는 선생님의 선의가 담겨 있습니다. 진정성을 넘어 사실이 존재할 겁니다. 중등교육에서의 학습 과정이 대단한 발견을 요구하지는 않으니까요. 개인마다 어느 정도의 노력이 행해진다면 학습이 가능한 것이 중등교육의 교과 과정입니다. 하지만 간과하지 말아야 할 점이 있습니다. 이 어느 정도의 노력은 개개 학생의 지적 능력에 따라 달라진다는 사실이죠.

조금 전에 언급했던 저의 약한 고리, 공간도형과 벡터를 다시 생각해보았으면 합니다. 이 두 단원만 한 달씩 공부할 수 있는 시간이 있었다면 전 수학 전체에 자신감을 가질 수 있었을는지도 모릅니다. 그런데 핑계일지도 모르지만, 거기에 그만큼의 시간을 쏟을 여력은 없었어요. 잘 모르겠으니 의욕이 나지 않았을뿐더러 다른 과목도 계속 공부해야 했기 때문이죠. 이를 고려한다면, 적어도 노력을 적게 했다거나 게을렀다는 비난이 적절해 보이지 않습니다.

교육기본법은 교육의 목적에 대해 이렇게 이야기합니다.

"홍익인간의 이념 아래 모든 국민으로 하여금 인격을 도야하고 자주적 생활능력과 민주시민으로서 필요한 자질을 갖추게 함으로써 인간다운 삶을 영위하게 하고 민주국가의 발전과 인류공영의 이상을 실현하는 데에 이바지하게 함."

대체 수학 문제를 풀 수 있는지가 인격과 자주적 생

게으름과 노력, 그 일란성 쌍생아

활능력, 민주시민의 자질과 인간다운 삶에 어떤 연관을 가질까요? 오히려 이러한 현실은 다양함과 개성이 바탕이 되어야 할 학교에서조차 획일화된 기대 역량이 작용하고 있음을 보여주는 게 아닐까요?

이것을 학교만의 잘못이라고 하기는 어렵습니다. 일상에서 습관화된 기대 역량의 획일화, 이로 인한 비교가 학교에서도 똑같이 나타난 것일 뿐입니다. 학교는 사회의 반영에 불과하니까요. 무엇이든 차등화하여 성과를 개선하려는 사회, 비교가 일상화된 것이 우리 사회니까요.

게으름과
노력은
일란성
쌍생아

죄(罪)로 인식되는 게으름

만약 기대하는 역량의 수준이 합리적이라면 게으르다는 판단은 정당할까요? 이와 관련해서 게으름이 무엇인가에 관해 먼저 살펴볼 필요가 있습니다.

국어사전에 따르면 게으름은 "행동이나 일 처리가 느리고 일하기 싫어하는 버릇이나 성미"로 정의됩니다. 버릇이나 성미. 여기에 주목해보죠. 일 처리가 느리다는 것, 이건 얼굴 생김새처럼 한 개인의 특성입니다. 일하기 싫어한다는 것은 커피를 좋아한다는 것과 같은 개인의 선호일 뿐입니다. 게으름의 사전적 풀이에서 알 수 있는 것은 일에 관한 지체가 개인의 특성이나 선호에 관한 규정짓기로 흐른다는 점입니다.

물론 모든 규정짓기가 피해야 할 것은 아니며, 피할 수 있는 것도 아닙니다. 우리는 협업을 하거나 친밀한 인간관계를 맺고자 할 때 상대방에 대한 저 나름대로 규정을 짓습니다. 일에 관한 것이라면 의식적으로 규정짓기가 행해지며, 그 외의 관계에서는 무의식적으로 행해지게 되죠. 우리가 알지 못하는 순간 타인은 나로부터 규정되어버립니다.

문제는 규정짓기가 아니라 '게으름'이라는 단어가 풍기는 부정적 뉘앙스예요. 하지만 이 게으름이란 단어를 '부정적 뉘앙스'라는 표현으로만 설명하는 것은 상당히 부적절합니다. 우리 사회에서는 게으름이 일종의 죄(罪)처럼 인식되고 있거든요. 가톨릭 용어사전에서는 게으름을 죄의 원인 중 하나로 꼽고 있는데, 이러한 분위기는 비단 가톨릭이라는 종교에 한정되지 않습니다.

고등학생 시절 영어 선생님이 떠오릅니다. EBS-TV의 수능 영어 강사로도 출연하던 분이셨습니다. 학생과 학부모들의 지지란 말할 필요도 없었죠. 어느 날 이분이 세종대왕에 대해 말씀하신 적이 있습니다. 정확한 표현을 기억할 수는 없지만 내용은 이랬습니다.

"너희는 세종대왕이 한글도 만들고 과학도 발달시키고 아주 훌륭한 줄 알지? 그런데 세종대왕 후궁이 몇 명이었는 줄 알아? 스무 명이 넘었어. 그렇게 첩질이나 하면서 놀고, 남는 시간에 만든 게 한글이야. 되게 게을렀던 거야. 게으른 천재였던 거지. 만약 그렇게 안 놀고 일을 했으면 조선이 나중에 다른 나라에 먹혔겠어?"

그때는 몰랐지만 지금 돌이켜보니 이 내용과 관련해서는 의문을 제기할 지점이 상당히 많습니다. 세종대왕의 후궁이 여덟 명이었다는 팩트 체크를 제외하고서라도 말이죠. 하지만 여기서 말하고 싶은 건 세종대왕

게으름과 노력, 그 일란성 쌍생아

이 왜 비난을 받아야 하는가입니다. 조선 시대 최고의 업적을 자랑하는 왕임에도 불구하고. 단지 게으르다는 이유로 말이죠.

게으름에 대한 이러한 비난은 '국기에 대한 맹세'와 연결됩니다. 공공기관을 일터로 삼고 있는 저는 어린 시절부터 지금까지, 초등학교 조회 시간부터 직장 조회 시간까지, 그때마다 '국기에 대한 맹세'를 하고 있습니다. "나는 자랑스러운 태극기 앞에 자유롭고 정의로운 대한민국의 무궁한 영광을 위하여 충성을 다할 것을 굳게 다짐합니다." 이 맹세에서 개인은 존재하지 않습니다. 개인은 대한민국을 위해 충성을 다하는 존재일 뿐입니다.

어린 시절 도덕 교과서 맨 앞장에 항상 위치했던 국민교육헌장 역시 마찬가지예요. 한 개인이 가지는 삶의 목적을 민족중흥으로 천명한 후, 개인의 삶이 어떠해야 하는가를 밝힙니다. 헌장에서의 개인상(個人賞)은 성실하고 근면해야 하는, 그리고 나라 발전에 목적을 두는 존재입니다. 국가의 발전에 희생되어야 합니다. 이 희생은 개인의 삶에서 성실과 근면으로 표현됩니다. 결국 게으름은 개인이 태어난 사명을 저버린 죄악으로 치부되고 있는 거죠.

국민교육헌장

우리는 민족중흥의 역사적 사명을 띠고 이 땅에 태어났다. 조상의 빛난 얼을 오늘에 되살려, 안으로 자주독립의 자세를 확립하고, 밖으로 인류 공영에 이바지할 때다. 이에, 우리의 나아갈 바를 밝혀 교육의 지표로 삼는다.

성실한 마음과 튼튼한 몸으로, 학문과 기술을 배우고 익히며, 타고난 저마다의 소질을 계발하고, 우리의 처지를 약진의 발판으로 삼아, 창조의 힘과 개척의 정신을 기른다. 공익과 질서를 앞세우며 능률과 실질을 숭상하고, 경애와 신의에 뿌리박은 상부상조의 전통을 이어받아, 명랑하고 따뜻한 협동 정신을 북돋운다. 우리의 창의와 협력을 바탕으로 나라가 발전하며, 나라의 융성이 나의 발전의 근본임을 깨달아, 자유와 권리에 따르는 책임과 의무를 다하며, 스스로 국가 건설에 참여하고 봉사하는 국민 정신을 드높인다.

반공 민주 정신에 투철한 애국 애족이 우리의 삶의 길이며, 자유 세계의 이상을 실현하는 기반이다. 길이 후손에 물려줄 영광된 통일 조국의 앞날을 내다보며, 신념과 긍지를 지닌 근면한 국민으로서, 민족의 슬기를 모아 줄기찬 노력으로, 새 역사를 창조하자.

계으름과 노력, 그 일란성 쌍생아

노력하면 다 될까

국민교육헌장이 1994년 교과서에서 빠지고 국민교육 헌장 선포일 역시 2003년 국가기념일에서 삭제되었지 만, 게으름이 죄라는 인식이 없어지지는 않습니다. 우 리가 살고 있는 곳이 자본주의 사회니까요.

막스 베버(Max Weber)는 자본주의를 지탱하는 삶의 양 식을 몇 가지로 정리했습니다. 시간 낭비 없이 휴식과 게으름을 물리치는 것, 그리고 노동과 절약을 통해 재 물을 축적하는 것. 게으름이 하나의 죄로 인식되는 사 회 분위기는 자본주의하에서 어쩔 수 없는 일인지도 모르죠.

게으름이 죄라는 인식은 결과에 대한 책임을 개인에 게 돌립니다. 좋은 대학을 가지 못한 것, 좋은 직장에 취업하지 못하는 것, 충분한 임금을 받지 못하는 것에 대한 책임이 개인에게 있다고 말합니다. 공정한 시험 기회가 주어졌음에도 불구하고 차지하지 못한 것에 대 해 그가 게으르기 때문이라고 설명합니다.

게으르다는 말이 비난이라 적절치 못하다면, 긍정적 으로도 표현할 수도 있습니다. 노력하면 다 된다는 말 입니다. 열심히 노력하면 좋은 대학도 갈 수 있고, 좋은 직장에도 취업할 수 있고, 비정규직에서 정규직으로도 전환될 수 있고, 많은 월급도 받을 수 있다고 말입니다. 게으름과 노력은 이 사회가 쓰는 용법으로 볼 때 일란성 쌍생아와도 같습니다.

하지만 노력으로 모든 게 바뀔 수 있을까요? 의자 수가 사람 수보다 적은 게임에서, 모든 이가 노력한다고 해서 다 자리를 차지할 수 있을까요? 그렇지 않습니다. 사회 구조에서 야기된 결과를 개인적 노력으로 해결할 수는 없습니다.

그러나 누군가 구조적인 문제를 언급하려고 한다면 이 사회는 예외적인 사례를 들어 할 말을 잃게 만듭니다. 좋은 예가 1996년의 장승수 씨죠. 장승수 씨는 고등학교 졸업 후 수년간 막노동을 하며 공부를 계속한 끝에 서울대학교 법학과를 수석으로 합격합니다. 그의 일화가 신문에 소개되고 그해 함께 수능을 치렀던 많은 수험생들은 입을 다물 수밖에 없었습니다. '나는 뭐 했나'라는 허탈과 좌절에 빠지게 됩니다. 참고로 대학 입학 후 그가 낸 자서전의 제목은 『공부가 가장 쉬웠어요』였습니다.

지금 생각해보면 장승수 씨의 사례를 보편화해서 받아들이는 것은 참 어리석은 일입니다. 아마 2019년이었다면 이런 기사를 보고서는 "대단한 사람이네" 댓글 하나 달고 넘어갔겠지요. 이것이 특수한 사례라는 사실을 사회 구성원 대개가 알고 있기 때문입니다.

하지만 지금 역시 노력하면 다 된다는 사고에서 자유로워진 건 아닙니다. 더 정확히 말하면, 그 생각이라도 잡고 싶은 것이 지금 우리의 심정입니다. 그렇게 되지 않을 가능성이 높다는 것을 알면서도, 열심히 하면 정규직으로 전환해준다는 고용주의 말을 믿을 준비가 되어 있습니다. 노력하면 될 것이라는 믿음마저 없다면 어떻게 살아가야 할지 막막하기 때문입니다.

게으름과 노력, 그 일란성 쌍생아

우리는 시간의 주인이 될 수 있을까

삶을 누린다는 의미

제 삶에서 중요한 시험은 두 가지였습니다. 대입 시험과 사법 시험. 그런데 이 둘의 차이는 큽니다. 성공이냐 실패냐가 아니라, 기억이 남아 있느냐 아니냐의 차이입니다.

저는 고등학교 3년, 그리고 재수 1년 동안 기억이 없다시피 합니다. 기말고사가 끝나면 친구들과 노래방도 다녔고 수능이 끝난 다음에는 친구 집에 몇 명이 모여 칵테일 소주를 마시며 비디오를 보기도 했는데, 4년의 기억은 별로 남아 있지 않습니다. 그날의 소주는 제 인생의 첫 술이었고, 그때 본 비디오 역시 제 인생의 첫 야한 동영상이었다는 기억 정도가 고작입니다. 정선경 주연의 〈너에게 나를 보낸다〉. 그때 봤던 영화입니다. 야할 거라고 잔뜩 기대했다가 실망한 기억만 납니다. 보다가 졸기까지 했습니다.

반면 사법 시험을 준비한 몇 년간은 달랐습니다. 맨 처음 한자가 빼곡한 법서를 볼 때 느꼈던 이상야릇한 재미. 이제 와서 생각하면 그게 뭐 중요했었나 싶지만, 학교 고시반 입반 시험을 떨어지고 나서 느낀 좌절감. 스터디 회식 때마다 목이 터져라 불렀던 〈맨발의 청춘〉. 신림동 독서실 앞 건물에 쭈그리고 앉아 피우던 담배. 사법 시험 낙방과는 상관없이 행복한 기억들로

189

우리는 시간의 주인이 될 수 있을까

남아 있습니다.

생각해보면 대입 시험과 사법 시험을 나누어놓았던 건 감정입니다. 고등학생 시절 역시 계속해서 감정의 일렁임 속에서 살았을 겁니다. 아침마다 교실까지 뛰어가며 지각할까 봐 조마조마했을 것이고, 시험을 잘 봤을 땐 짜릿했을 것이며, 성적표가 나오는 날은 겁이 났을 겁니다. 인간은 감정의 동물이니까요. 하지만 그 시간들은 제 삶에서 사라져버렸습니다. 기억하려고 애쓰면 기억나겠지만, 평상시에는 그런 시간이 없었다는 듯 살아갑니다.

저는 그것이 능동적 감정이 아니었기 때문이라고 표현합니다. 그 감정들이 내 것이라는 사실은 분명합니다만 그 감정들을 유발한 욕망, 시험을 잘 보고 싶고 좋은 대학에 들어가고 싶다는 욕망들은 원래 내 것이 아니었다는 말입니다. 부모님이나 선생님들이 그래야 한다니 갖게 된 욕망이었을 뿐입니다.

그 욕망은 원래 내 것이었으니까

사법 시험은 달랐습니다. 물론 대입과 마찬가지로 부모님의 기대를 받고 있었지만, 시험을 선택한 건 저였으니까요. 사법 시험에 붙고 싶다는 욕망이 제 것이었다는 거죠. 그때 느꼈던 것들, 아직도 제 삶에서 살아 있는 능동적 감정들입니다.

능동적 감정의 최고봉은 사랑이 아닐까요? 절대 수동적일 수 없는 감정이 사랑입니다. 절대적으로 능동적인 감정. 시인 한용운은 '님의 침묵'에서 "날카로운 첫 키스의 추억은 나의 운명의 지침을 돌려놓고 뒷걸음쳐서 사라졌"다고 이야기합니다. 하지만 그에게 첫 키스의 시간은 너무나 또렷하게 남아 있습니다. 시에 남아 있으며, 그가 고백한 대로 그의 운명에 남아 있습니다. 더구나 이 시는 그가 죽은 이후에도 사람들에게 회자되고 있으니 어쩌면 '사라진' 것이 아니라 '살아진' 것인지 모릅니다. 이를 다시 그의 시 '알 수 없어요'로 표현하자면 "타고 남은 재가 다시 기름이" 된 것이죠.

우리는 한용운이 아니지만 모두 그처럼 첫 키스의 추억을 가지고 삽니다. 그날이 몇 년 전이 되었건, 몇십 년 전이 되었건 우리의 머릿속 혹은 가슴속 서랍 한 칸을 차지하고 있습니다. 어디 첫 키스의 시간뿐일까요? 나를 지금의 나로 있게 하는 것은 모두 내가 기억하고 있는 시간들입니다. 그렇게 보면 우리가 삶 속에서 해야 할 일은 기억할 만한 시간들을 많이 만드는 것이 아닐까요?

우리는 시간의 주인이 될 수 있을까

삶을 누린다는 것은 주어진 시간들을 나만의 의미로 채워나가는 일입니다. 능동적 감정들을 쌓아나가는 것 말입니다. 그렇게 된다면 우리는 그 후의 삶 속에서도 사라지지 않는 그때의 시간을 가지게 될 테니까요.

시간의
주인으로
산다는 것

주인 됨과 민주주의

"대한민국은 민주공화국이다. 대한민국은 민주공화국이다. 대한민국의 모든 권력은 국민으로부터 나온다."

노래 〈대한민국 헌법 제1조〉의 전체 가사입니다. 헌법 제1조의 조문에 곡을 붙인 이 노래는 제게 촛불집회를 떠올리게 합니다. 십수 년간 법을 공부하면서도 이 헌법 조문 하나가 이렇게 파워풀하다는 것을 이전엔 체감할 수 없었습니다.

지금도 이 노래를 들으면 그때의 광경이 떠오릅니다. 수많은 인파가 각자의 촛불을 들고 광화문 새문안교회 옆 언덕길을 오르던 날이 생각납니다. 아이가 어려 저 혼자만 집회에 참석했는데, 가족과 그 시간을 함께하고 싶어 영상통화를 하며 행진을 했습니다. 지금 생각해도 몸이 짜릿짜릿해집니다. 촛불집회에서 가장 강렬했던 기억은 이 노래입니다.

민주(民主)는 국민이 주인이라는 말입니다. 이것은 국민 개개인이 누구에게도 매여 있지 않을 것을 전제로 합니다. 노예에겐 그 어떤 소유도 그 어떤 권리도 인정될 수 없으니까요. 내가 나 자신의 주인 되는 것, 민주주의의 전제입니다.

주인의 반대는 노예입니다. 노예에게서는 어떤 권력도 나올 수 없습니다. 만약 국민이 노예라면, 국민에게서 권력을 부여받은 대한민국은 어떤 나라일까요? 모래성이라도 될 수 있을까요? 대한민국이라는 나라는 허상에 불과합니다.

헌법 역시 이를 알고 있습니다. 모든 국민이 인간으로서의 존엄과 가치를 가진다고, 행복을 추구할 권리를 가진다고 천명하고 있으니 말입니다. 그런데 헌법을 만든 사람들은 이 규정만으로는 좀 불안했던 모양입니다. 여기에 더해 국가에게 인권을 보장해야 한다는 규정까지 두었으니까요. 국민 개개인 모두가 인간으로서의 존엄과 가치를 가지도록 보장하는 것, 이것이 바로 대한민국이라는 나라가 한반도에 존재하는 이유입니다.

- 헌법 제10조 모든 국민 인간으로서의 존엄과 가치를 가지며, 행복을 추구할 권리를 가진다. 국가는 개인이 가지는 불가침의 기본적 인권을 확인하고 이를 보장할 의무를 진다.

우리는 시간의 주인이 될 수 있을까

성격이나 본질은 그에 맞는 형태를 띠게 됩니다. 인간 역시 마찬가지죠. 인간이 그 자체로서 존엄과 가치를 가진다는 것은 인간다운 생활 양식이 있다는 의미입니다. 헌법 역시 제34조 제1항에서 "모든 국민은 인간다운 생활을 할 권리를 가진다"라고 규정합니다.

하지만, 인간다운 생활. 모호하고도 막막하기만 합니다. 이 단어만 생각하면 김승옥의 소설 『무진기행』에 나오는 것처럼 자욱한 안개가 펼쳐집니다. '대체 인간답다는 게 무엇인가?'라는 물음입니다.

인간다운 생활은 우리가 무엇의 주인인가에 대한 질문과 맞닿아 있습니다. 무엇의 주인이기에 존엄과 가치를 가지는가, 혹은 반대로 인간으로서 존엄하고 가치 있다는 말은 무엇을 의미하는가라는 질문이죠.

누군가에게 "당신은 주인입니다"라는 말을 듣는다면 어떤 반응을 보일까요?

"내가?"

"무슨?"

이런 반응 아닐까요? 선거철이 아닌 한 당황스러움이 가득할 거예요. 어쩌면 그가 나를 비꼬거나 멸시하고 있다는 생각이 들지도 모릅니다. 내가 도대체 가진 게 뭐가 있다고. 여태 나는 뭐 했나 하는 자괴감이 일어날 수도 있죠.

하지만 벌거숭이로 태어난 인간 모두가 가진 것이 있습니다. 태어났다는 그 자체로 삶은 주어지며, 그렇게 주어진 시간의 주인이 되니까요. 영화 〈인 타임〉에서와는 달리 타인에게 줄 수 없고 받을 수도 없는 것이 우리가 지닌 시간입니다. 어쩌면 이건 우리에게 삶을 부여한 절대자가 설정한 최소한의 안전장치일지도 모릅니다. 무언가의 주인이 된다는 것은 내 마음대로 그것을 이용하고 처분할 수 있음을 의미합니다.

끊임없이 욕망하는 인간

삶을 누린다는 것은 나의 욕망대로, 혹은 욕망을 이뤄내기 위해 행동하는 것입니다. 욕망을 빼고서는 마음을 이야기할 수 없으니까요. 중요한 건, 마음의 중심을 차지하는 욕망은 한 번에 하나씩만 일어나지도 않고 고정되어 있지도 않다는 점입니다.

예를 들어, 아침에 휴대폰의 알람이 울릴 때부터 저는 갈등에 휩싸입니다. 휩싸인다는 단어조차 민망할 만큼 매일 일어나는 갈등. 일어날까, 조금 더 잘까. 여유롭게 일상을 시작하는 게 나을까, 얼마 되지는 않겠지만 조금만 더 자고 말짱한 정신으로 하루 전체를 버

197

티는 게 더 나을까. 이 갈등이 지나가면 아침 식사를 할까 말까에 대한 선택이 다시 시작됩니다. 집을 나서면 어떻게 출근할 것인가에 대한 선택이 시작됩니다. 귀찮고 비좁더라도 지하철을 타고 출근 시간의 안정성을 택할지, 길이 잘 뚫릴 수도 있으니 버스를 타고 몸의 편안함을 택할지.

일어나서 사무실에 도착할 때까지의 과정이 하나의 규칙처럼 딱 자리 잡힌 이들도 많겠지만, 저는 그렇지 못합니다. 동일한 과정을 일주일에 다섯 번씩 십여 년간을 겪으면서도 매번 선택을 합니다. 여유로움과 명료함, 여유로움과 식사, 여유로움과 신체적 편안함. 이러한 욕망들을 의식하고 있느냐와는 별개로, 매 순간 다른 욕망들 사이에서 선택을 하고 있습니다. 그리고 온종일 이런 선택들이 계속됩니다. 일상적으로 반복되는 상황에서도 이러하니 새로운 상황과 사건들 속에서의 갈등들은 더 말할 필요도 없어 보입니다.

우리가 하루에 접하는 갈등 상황은 얼마나 많을까요? 계량화하기는 어려울 것 같습니다. 그러면 갈등을 유발하는 욕망들, 우리가 가진 욕망들은 얼마나 될까요? 이것 역시 셀 수 있으랴 싶습니다. 우리는 많은 욕망을 가지고 살아가며, 매 순간 충돌하는 욕망 중에 하나를 선택하거나 양자를 조절하는 방법으로 삶을 지탱해나갑니다.

욕망의 비고정성. 욕망의 변화를 이야기할 때 빼놓을 수 없는 이론은 매슬로(Abraham Harold Maslow)의 5단계 욕구 이론입니다. 단순화해서 설명하자면 이렇습니다. 제일 먼저 먹거리가 해결되어야(생리적 욕구) 안전에 관심을 가지게 되고(안전 욕구), 안전이 보장되어야 타인과의 커뮤니케이션을 소망하며(소속과 사랑의 욕구), 이 커뮤니케이션을 통해 내가 존중되기를 바란다는 것(존중의 욕구). 그 후 궁극에는 내가 내 스스로 온전할 수 있기를 바란다는 것(자아실현의 욕구)입니다.

이 '생리 → 안전 → 소속/사랑 → 존중 → 자아실현'이라는 욕망의 변화 단계를 짧게 표현하자면 자유의 확대 아닐까요? 생리와 안전에 관한 욕망이 생존의 위협으로부터의 자유라면 소속과 사랑, 존중에 관한 욕망은 정서적 고립으로부터의 자유라 말할 수 있습니다. 이것들이 모두 이루어져야만 관심을 외부가 아닌 내부, 자기 자신에게로 돌릴 수 있게 됩니다. 내가 진정 갈망하는 것이 무엇인지, 이를 달성하려면 무엇을 해야 할지 살필 수 있죠. 자아실현의 욕구가 맨 마지막에 나오는 까닭일 겁니다.

우리는 시간의 주인이 될 수 있을까

인간다운 생활을 보장한다는 의미

이렇게 욕망은 자유를 넓혀가는 방향으로 나아가죠. 욕망의 속성은 인간이 모여 살아가는 사회가 어떻게 구조화되어야 하는지 힌트를 제공합니다. 욕망이 있고 이를 달성코자 노력하는 존재가 우리 인간이니까요.

따라서 우리 사회의 기본적인 원칙은 누구나 자신의 노력으로 자신의 자유를 확대하는 것이 가능할 뿐 아니라 수월하다고 인식되어야만 한다는 것입니다. 가능성만으로는 충분하지 않아요. 아무리 열심히 일해도 기간제 노동자나 외주 용역 노동자에서 벗어나기 힘든 사회 구조라면 자유를 확대하고자 하는 개개인의 노력은 생존을 위한 몸짓으로밖에 의미를 갖지 못하니까요.

더 나아지리라는 희망이 부재한 자리, 그곳은 생존 여부와는 무관하게 헬(지옥)이 됩니다. 지옥에서도 사람들이 힘들게 노동하고 있다는 것, 영화 〈신과 함께〉를 통해서도 보았습니다. 많은 사람이 대한민국을 헬조선이라고 부르는 것은 끼니 걱정이나 불안한 치안 때문이 아닙니다. 나의 욕망을 나의 수고로 달성하기 힘들기 때문이며 나의 자유를 나의 노력으로 확장할 수 없기 때문입니다.

결국 인간다운 생활이란 자신의 노력으로 자유를 확

장할 수 있는 생활을 의미합니다. 국가는 개개인의 인간다운 생활을 보장해야 합니다. 인간다운 생활이 보장되는 사회란 생존이 보장되는 사회만을 의미하지 않아요. 나의 노력이 선천적이거나 후천적인 장애로 인해, 부모의 소득이나 자산으로 인해 폄하되지 않는 사회까지 의미합니다. 들인 시간과 노력이 장애나 빈부 때문에 좌절된다면 삶의 주인일 수 없습니다.

각 개인이 삶의 주인으로 설 수 있게 하는 것이 국가가 할 일입니다. 그렇게 될 때만 공정한 사회, 공정한 국가를 말할 수 있습니다.

내게
　　잉여로움을
허하라

건강하고 문화적인 생활

자유가 확장되는 생활. 인간다운 생활의 다른 말입니다. 헌법재판소는 인간다운 생활에 대해 물질적인 최저생활(생존)을 넘어서, 건강하고 문화적인 생활까지 누릴 수 있어야 한다고 해석합니다.

하지만 궁금증은 꼬리를 잇습니다. 건강하고 문화적인 생활은 무엇이냐, 나눠서 생각해볼 필요가 있습니다. 먼저 건강은 신체적인 건강에 한정되지 않습니다. 정신적인 건강도 포함되어야죠. '피로사회'나 '우울사회'가 일상화되어 있는 시대에 우리들은 과연 건강하게 살 수 있을까? 의문이 들기만 합니다.

둘째, 문화적인 생활입니다. 이 역시 막연하지만, 일상에서 영화 한 편, 연극 한 편 볼 수 있다고 해서 문화적인 생활을 하고 있다고 말하기는 어려울 것 같습니다. 볼거리가 범람하는 시대에 문화 콘텐츠를 소비한다는 것, 그저 살아 있다는 증거일 뿐이니까요.

막연한 것을 규정하기 위해서는 약간의 상상력이 필요합니다. 풍기는 냄새가 무엇인지, 분위기는 어떤지부터 알아채는 작업을 해야 합니다. 여기에는 나의 감각과 경험들이 동원되어야 합니다. 그러다 보면 막연했던 것이 의미하는 바의 언저리에는 도착할 수 있지 않을까요? 우리 각각은 모두 진리를 담고 있으니까요. 이 책을 읽는 여러분도 함께 이 작업을 할 수 있으면 좋겠습니다.

저는 '문화적인 생활'을 떠올릴 때, 영화에서나 보던 중세의 성이 생각납니다. 책장에는 책들이 꽂혀 있고, 낮에는 창가에서 그림을 그리며, 밤에는 펜에 잉크를 적셔 누군가에게 편지를 쓰는 모습들이죠. 그리고 친한 벗들과 차를 나누며 그림과 책, 그리고 일상에 관해 이야기를 나누는 모습들. 공기는 약간은 건조하기까지 한 듯합니다.

이 풍경들을 뭐라 함축할 수 있을까요? 저는 '무언가를 창조할 수 있는 여유를 가진 생활'이라고 표현해봅니다. 이미 창조된 콘텐츠의 소비를 넘어 내 자신의 무언가를 창조하고, 이 창조물을 다른 누군가와 나눌 수 있는 생활. 그런 여유가 있는 생활입니다.

'저녁이 있는 삶'과 시간주권

문화적인 생활을 이렇게 규정짓고 나니 2012년 한 정치인의 대선 슬로건이 떠오릅니다. '저녁이 있는 삶.' 저녁이 있다는 것은 생존과는 무관하게 무언가를 창조할 수 있는 시간이 존재한다는 의미입니다. 여기서 중요한 것은 생존, 즉 생계와의 무관함입니다. 이것을 하지 않아도 생계가 무너지지 않을 때 우리는 무언가에 모험을 걸어볼 수 있습니다. 자신이 좋아하는 것을 찾고 시도해볼 수 있게 됩니다.

한편 이러한 생활은 노동을 생계 수단으로 하는 우리의 삶을 시간적으로 확장해줍니다. 창조하는 생활이 없던 이전의 삶에서, 시간은 노동하는 시간과 노동을 준비하는 시간으로 구분됩니다. 하지만 창조하는 생활이 들어온다면 삶은 새롭게 재구성됩니다. 창조하는 시간, 그리고 창조를 준비하는 시간. 노동하는 시간 역시 창조를 준비하는 시간으로 변화됩니다.

여기서 잠시 노동하는 시간이란 무엇인가 살펴볼 필요가 있습니다. 근로기준법을 빌린다면 임금을 목적으로 다른 이에게 노동을 제공하는 시간으로 정의될 것입니다. 문제는 노동의 제공이 주머니에서 열쇠를 꺼내주듯, 나의 신체와 분리할 수 있는 것이 아니라는 데 있습니다. 노동을 한다는 건 노동자의 몸과 정신을 제공하는 것이니까요. 노동하는 시간은 나의 시간이지만, 내게 임금을 주는 사업 또는 사업장에 이전된 시간입니다.

만일 우리의 삶에서 노동하는 시간이 중심이 된다

면, 나의 시간은 사라집니다. 노동하지 않는 시간 또한 노동을 준비하는 시간이 되기 때문입니다. 결국 노동하지 않는 시간도 노동 시간을 이전받은 이, 즉 기업의 이익 아래 놓이게 됩니다. 신입사원 시절, 십여 년 위의 차장님께 들었던 말이 기억납니다. "퇴근하고 다른 무언가를 하면 안 된다. 무엇을 하든 업무 시간에 집중하는 데 방해가 되니 말이다."

하지만 창조하는 시간이 삶의 중심이 된다면 상황은 180도 바뀝니다. 노동 시간도 창조를 준비하는 나의 시간으로 바뀝니다. 창조하기 위해 소득을 벌어들이는 시간으로 노동 시간의 정체성이 바뀌는 것이죠.

'저녁이 있는 삶'에서 한 발짝 더 나아가면 '시간주권(time sovereignty)'이라는 개념이 등장합니다. 콜린스 영어사전에 따르면 "노동 시간을 포함하여 삶의 시간을 노동자가 결정하는 것(control by an employee of the use of his or her time, involving flexibility of working hours)"으로 정의됩니다. '저녁이 있는 삶'이 장시간 노동 방지를 통해 여유 시간을 확보하자는 데 중심이 있다면, 시간주권은 언제 얼마나 노동할지 결정할 권리까지 노동하는 이에게 주자는 것입니다.

물론 임금이 노동의 대가인 이유로 절대적인 시간주

권의 확보는 불가능합니다. 하지만 노동 시간의 총량과 수행 기간을 정하고 그 안에서 노동자가 노동을 계획하는 일은 가능하지 않을까요? 노동자의 결정에 따른 무급휴가를 활성화하는 일은 가능하지 않을까요?

이러한 삶을 꿈꾸는 것은 일하는 시간과 삶을 누리는 시간이라는 이분법이 과연 가능하고 타당한가에 관한 의문에서 시작합니다. 일과 삶은 얽혀 있으며, 이를 분리해 균형을 맞추는 것은 불가능하다는 사고입니다. 노동은 삶의 일부이며 여가 또한 삶의 일부라는 말이죠. 노동이든 여가든 모두 삶 안에서 존재한다는 인식입니다. 우리에게 중요한 것은 일과 삶의 균형이라기보다 건강하고 문화적인, 인간답고 행복한 삶을 누리는 것이니까요.

OECD 최장 노동 시간을 자랑하는 대한민국에서는, 주 52시간제 실시로 인해 깎이는 임금을 고민해야 하는 대한민국에서는, 시간주권은 아주 먼 이야기 같기도 합니다. 하지만 맞는 이야기 아닌가요? 지향점으로 삼기에 충분하지 않나요?

잉여로울 권리

"개인의 생활세계는 노동하지 않는 시간(여가, leisure)에 만들어진다."[13]

제 회사 메일의 꼬리말 중 하나로 사용하고 있는 한동우 교수님의 문장입니다. 참 좋아하는지라 논문에도 인용한 바 있습니다. 꼬리말을 설정할 때 누가 뭐라고 하면 어쩌나 하는 망설임도 조금 있었습니다. 트집 잡기 좋아하는 사람은 어디나 있으니까요. 그런데 뭐 어쩌겠습니까. 이게 진리인걸.

언제부턴가 일상적으로 쓰이는 '잉여'라는 단어가 있습니다. 손창섭의 소설 『잉여인간』에서 유래한 것인데, 국어사전상으로는 '다 쓰고 난 나머지'라는 의미입니다. 인터넷상에서는 경쟁에서 낙오해 사회적으로 불필요한 존재가 되었거나 쓸모없는 일을 하는 이들을 지칭하기도 합니다. 비하하는 표현이죠.

그런데 저는 이 '잉여'라는 표현을 좋아합니다. 쓸모없는 일을 하는 시간. 쓸모없는 일을 할 수 있는 시간. 이것이 바로 여가니까요.

쓸모가 있으려면 생산이 요구됩니다. 정확히 말하자

면 사회적으로 유용한 생산이 요구되죠. 하지만 우리가, 우리 인간이 생산하는 존재였던가요? 무엇을 위해 생산하는 존재가 되어야 하나요? 그냥, 인간은, 존재함으로써 존엄한 존재이지 않나요?

다르게 말해볼까요? 우리의 삶에서 쓸모없이 보낸 시간은 없습니다. 주체의 관점에서 볼 때 쓸모없는 행동은 하지 않을 테니까요. 침대 위에서 뒹굴뒹굴하며 유튜브를 본다 해도 나 자신에게는 충분히 합당한 이유가 존재합니다. 시선의 문제죠. 어떤 행동에 대해 누구의 눈으로 평가할 것인가에 따라 달라지는 겁니다. 성과만을 요구하는 사회의 눈으로 볼 것이냐, 이 세상의 중심일 수밖에 없는 나 자신의 눈으로 볼 것이냐의 문제입니다.

다시 인간다운 생활이 무엇인지를 생각해보려고 합니다. 인간다운 생활은 건강하고 문화적인 생활입니다. 생산의 유무는 인간다운 생활을 결정하지 못합니다. 월급을 아무리 많이 받는다고 할지라도 받은 월급을 쓸 시간이 없다면, 우리는 비인간적인 삶에 처해 있다고 할 수밖에 없습니다.

앞에서 떠올렸던 '문화적인 생활'을 머릿속에 다시 그려보기로 하지요. 책장에는 책들이 꽂혀 있고, 낮에는 창가에서 그림을 그리며, 밤에는 펜에 잉크를 적셔 누군가에게 편지를 쓰는 모습들. 친한 벗들과 차를 나누며 그림과 책, 그리고 일상에 관해 이야기를 나누는 모습들. 충분히 잉여롭지 않나요?

그렇다면 문화적인 생활을 잉여로운 생활로 바꿔 읽을 수도 있지 않을까요? 우리 헌법에서 선언하는 '인간다운 생활을 할 권리'를 '잉여로울 권리'로 바꿔 생각할 수도 있지 않을까요?

분투하는 삶을 넘어서

우리는 '시간을 낭비해서는 안 된다'라는 프레임에 의문을 제기해야 합니다. 이 프레임은 인간을 생산의 도구로 바라봅니다. 게으름이 죄라는 전제에서 잉여로운 시간을 없애야 한다고 이야기하죠. 이게 바로 자본주의의 본질일 겁니다. 잉여로움, 게으름을 죄로 인식하는 사회 분위기는 자본주의하에서 어쩔 수 없는 현상인지도 모르죠.

하지만 존재와 당위를 구별할 필요가 있습니다. 삶의 양식은 현상에 불과할 뿐이며 도덕적 판단 기준이 되지는 못합니다. 게으름이 죄라는 사회 분위기가 게으름의 죄성(罪性)을 담보할 수는 없습니다. 이것은, 대안의 유무를 떠나, 자본주의가 절대선(絶對善)이라는 데 동의하지 않는다는 말이기도 합니다. 오히려 버트런드 러셀(Bertrand Russell)은 『게으름에 대한 찬양』에서 정반대의 주장을 폅니다.

> "모든 도덕적 자질 가운데서도 선한 본성은 세상이 가장 필요로 하는 자질이며 이는 힘들게 분투하며 살아가는 데서 나오는 것이 아니라 편안함과 안전에서 나오는 것이다."[14]

저는 러셀의 말에 동의합니다. "내 코가 석 자"라는 말만 해도 그렇거든요. 내 앞에 급하고 중요한 일이 놓여 있을 때는 다른 사람을 생각할 겨를조차 없습니다. 조금이라도 편안해지고 나서야 내 옆의 다른 존재가 보입니다. 선한 본성이란 내 안에 존재하는 타인에 대한 공감과 연대의식이기 때문입니다. 선(善)을 맹자가 말한 측은지심(惻隱之心)이라고, 그리스도교가 이야기하는 사랑이라고 이해해도 좋습니다.

여기에 더해 한나 아렌트(Hannah Arendt)가 말한 '악의 평범성'을 생각해보죠. 한나 아렌트는 제2차 세계대전 독일 나치스 친위대의 중령으로 유대인을 학살한 아

우리는 시간의 주인이 될 수 있을까

돌프 아이히만을 평범한 사람으로 묘사합니다. 평범한 가장이었으며, 자신의 직무에 충실한 모범적인 사람이었다고, 평소에는 매우 착했으며 인간관계에서도 매우 도덕적인 사람이었다고 말이죠. 한나 아렌트가 보기에 그는 악한 사람이 아니었습니다. 그가 속한 조직 내에서 성실하고 근면했던 사람에 불과했습니다. 아이히만에게 욕심이 있었다면 그저 누구나가 가지고 있는, 출세하고 싶은 마음뿐이었을 겁니다. 그리고 대다수의 인간은 출세욕을 가집니다. 이것을 선악으로 재단할 수는 없습니다.

그렇다면 누구에게 책임을 물어야 할까요? 물론 생명이라는 인류 보편적 가치를 망각한 아이히만에게 일차적 책임이 있을 겁니다. 하지만 성실과 근면을 강조한 조직과 사회에는 아무런 책임이 없을까요? 조직과 사회가 그를 '힘들게 분투하는' 삶으로 내몬 것은 아닐까요? 그리하여 다른 이를 생각할 겨를이 없도록 만든 것이 아닐까요?

사회가 성실과 근면을 강조할수록 세상은 편안해질지 모릅니다. 기술이 발전해 많은 것들이 편리해지겠죠. 하지만 여기서 괴리가 나타납니다. 세상은 편안해지고 생활은 편리해지지만, 기준도 없이 끝없는 성실과 근면으로 우리는 불안해집니다. 언제 직장에서 잘릴지 불안해지며, 소득이 끊겼을 때 나와 내 가족의 삶이 어찌 될지 불안해집니다. 이 공포 속에 내가 누려야 할 삶의 시간들은 힘들게 분투하는 삶으로 바뀌게 됩니다. 내 코가 석 자인지라 다른 사람을 볼 여유조차 없어집니다.

　모든 것을 떠나, 어떻게 하면 내가 누리는 시간이 더 많아질 것인지에만 초점을 맞추면 좋겠습니다. 시간은 개인의 삶을 이루며, 삶 그 자체이기 때문입니다. 우리의 삶이 끝나는 순간 시간 역시 끝나기 때문입니다. 낭비될 수 있는 시간은 없습니다. 만약 낭비되는 시간이 있다면 분투하는 시간일 겁니다. 불안과 공포 속에서의 삶은 내가 누리지 못하는 시간이니까요.

제도화된
불평등을
넘어서

이 원고를 쓰는 동안 대한민국은, 지금은 자리에서 물러난 한 장관의 가족 문제로 시끌벅적했습니다. 장관 후보로 지명을 받았을 때부터 장관 임명에 찬반이 갈리고, 소셜네트워크에서는 각자의 믿음을 뒷받침하는 기사와 자료들을 퍼 날랐습니다. 이 광경을 보고 있노라면 "믿음은 바라는 것들의 실상이요, 보이지 않는 것들의 증거"(히브리서 11:1)라는 그리스도교 성서의 문구는 종교나 신앙과 무관하게 진리인 것 같습니다.

이번 논란 중 제가 관심을 가졌던 부분은 장관 딸의 대학 입시 문제였습니다. 고등학생이 2주 인턴 활동으로 의학 논문 제1저자가 될 수 있느냐, 여기에 부정이나 불법이 없었느냐였습니다. 이 문제는 딸의 영어 실력으로 확대되어 외국어고등학교의 내신등급과 진학 가능 대학으로까지 번졌습니다.

여기서 장관 혹은 가족의 불법성 여부를 논할 생각은 없습니다. 개인적인 판단은 있지만, 이는 말 그대로 개인적이기 때문입니다. 다만 제 안에 교차했던 반가움과 아쉬움을 이야기하고 싶습니다. 반가웠던 건 가족의 빈부나 사회적 영향력에 따라 학교 입학, 더 나아가 직업 선택이 달라질 수 있다는 사실이 문제 되었다는 점입니다. 아쉬웠던 건 이 사안이 부정이나 불법이 존재하느냐, 장관 임명이 적격하냐에 치우쳐 제도화되어버린 불평등에 대한 논의가 제대로 이루어지지 못했다는 점입니다.

함께 생각해보고 싶은 것이 있습니다. '외국어고등학교-SKY'라는 진학의 선(線, route)을 종횡으로 확장해, 이러한 루트가 공정한지에 관한 논의입니다. 이것은 법이 아닌 정의에 관한 이야기입니다.

외국어고등학교를 횡적으로 확장한다면 특수목적고등학교와 자율형사립고등학교까지로 넓어집니다. 학비가 비싼 대신 졸업 후 SKY와 같은 소위 명문 대학교

진학이 상대적으로 쉽습니다. 책의 본문에서 언급했듯이 좋은 대학교를 졸업하면 질 좋은 직업을 선택하거나 좋은 직장에 취업하기도 상대적으로 수월해집니다.

더 생각해볼 것은 누가 이 비싼 고등학교에 입학하느냐입니다. 이곳에 입학하는 데도 안정적인 경로가 존재합니다. 이 시작점에는 4년제 대학 등록금을 상회하는, 월 교육비가 100만 원 넘게 들어가는 영어유치원이 있습니다. 유아기에 영어유치원을 들어가느냐 마느냐가 성인이 되고서 갖는 직업 혹은 직장의 질에 영향을 미칩니다. 이 책의 프롤로그 첫마디가 딸아이의 유치원 선택이었던 이유는 거기에 있습니다.

영어유치원으로 교육 경로가 시작하는 것이 모든 이에게 열려 있지는 않습니다. 아이러니하게도 영어유치원을 들어가느냐는 철저히 자신의 능력과 무관합니다. 부모의 철학을 배제한다면, 오로지 아이가 속한 가계의 재정에 따라 달라집니다. 결국 내가 어떤 집에서 태어나느냐가 20여 년이 훌쩍 지난 후 가지게 되는 일자리의 질에 영향을 준다는 말입니다.

내가 어디서 태어나느냐. 내 능력도 아니고 의지도 아닌 운(運, luck)에 불과합니다. 이 운에 눈을 감은 과정의 공정(公正, fairness)이 과연 정의로운 것일까요? 그 과정이 제아무리 공정하게 설계되었다 하더라도 이는 제도화된 불평등에 지나지 않을 것입니다. 하지만 결과가 평등해야 정의롭다고 말하는 것은 아닙니다. 무조건적인 결과적 평등은 부정의(不正義)의 다른 이름이니까요.

정의(justice)는 엄밀히 말해 여부(Yes or No)가 아닌 농도의 문제입니다. 이것은 '정의'라는 명사에 붙는 접미사가 '그러함' 또는 '그럴 만함'의 의미를 갖는 '-롭다'라는 데서도 알 수 있습니다. 한 사회에서 정의의 농도는 운의 영향을 최소화하는 제도를 설계할 수 있느냐, 과정에서 실질적인 기회의 균등을 얼마만큼이나 달성할 수 있느냐에 달려있을 것입니다. 어느 정도로 빈부(貧富), 성별(性別)과 같은 출생의 운을 보완할 제도가 설계되고 운영되느냐가 정의의 척도상에서 그 사회가 위치한 지점일 것입니다.

숙제를 마치며

"또 하나의 숙제가 끝났다."

인생은 숙제를 해나가는 것이라고 생각하며 지내왔습니다. 언제부터인지는 모르겠습니다만. 아마 서른은

훌쩍 넘어서가 아닐까 싶어요.

이 책 역시 마찬가지였습니다. 그냥 내야겠구나, 다시 숙제가 왔다고 생각하며 원고를 쓰기 시작했어요.

처음에는 조금 망설였습니다. 글을 쓴다는 게 어려워서가 아니었어요. 글쓰기는 언제나 어려우니까요. 원래부터 어려운 건 고민거리가 아니거든요. 어려움을 감당할지에 관한 선택의 문제지. 우습게도, 망설인 이유는 아마존이었습니다. 이 세상에 그저 그런 책을 한 권 더해서, 가뜩이나 줄어드는 열대우림을 파괴하는 데 손을 보태는 건 아닐까 해서요.

그럼에도 책을 쓰기로 한 건….

이 책을 읽는 당신과 제가 어쩌면 궁합이 맞을 수도 있다는 생각이 들었기 때문입니다. 같은 이야기, 비슷한 메시지라도 두 사람의 관계에 따라 들릴 수도 안 들릴 수도 있으니까요. '어딘가 궁합이 맞는, 내 책을 기다리는 이가 있겠지'라며 숙제를 받아들인 거죠. 그런 이가 있다는데, 까짓거 열대우림쯤이야…. 저는 환경운동가가 아니니까요, 라는 되지도 않는 변명도 해봅니다.

고마움의 인사
고맙다는 말씀을 전하고픈 분들이 있습니다. 이른바

'thanks to'. 중·고등학생 시절 가요 음반 겉종이에나 적혀 있던 thanks to를 하게 되다니, 어색하기 그지없습니다. 어색한 것보다 걱정이 더 크긴 합니다. 없어 보이지는 않을까 하고 말이죠. 그렇다 하더라도 고마운 사람들을 적어두어야겠습니다. 그렇게 안 하면 평생 후회로 남을 것 같아서요. 잘 사는 건 못 해도, 후회 없이 살 수는 있다. 이게 제 좌우명이니까요.

먼저 이순업 편집자님께 고마움을 전합니다. 허술했던 10쪽 분량의 원고가 책 출간까지 이어진 건 전적으로 편집자님 덕입니다. 원고에 대한 편집자님의 애착이 제가 책을 끝까지 쓸 수 있었던 원동력이었습니다.

임종률 선생님과 김홍영 선생님. 임종률 선생님이 아니셨더라면 저는 노동법과 인연을 맺지 못했을 것입니다. 김홍영 선생님이 아니셨더라면 '연구'라는 단어는 제 삶에서 없었을 것입니다. 더 열심히 연구해서 두 분 선생님께 누가 되지 않도록 하겠습니다.

아버지, 어머니, 장인어른, 장모님. 부모와 자식으로 만나게 된 것이 얼마나 다행스럽고 감사한 일인지요. 더 건강하셔서, 지금껏 그러셨던 것처럼 우리 가족 옆자리를 든든히 지켜주세요. 그리고 나의 일터. 그 덕에 나와 내 가족의 생활이 지속될 수 있었습니다.

마지막으로 언제나 내 편이 되어준 현주. 고맙소. 항
상 함께합시다.

에필로그

주석

1 칼 마르크스(김수행 역), 『자본론 Ⅰ(상)』, 비봉출판사, 1996, 325면.

2 장근호, 『우리나라 고용 구조의 특징과 과제』, 한국은행, 2018.

3 최요한, "청년층 비정규의 고용형태 이행확률의 추정", 「노동정책 연구」제18권 4호, 2018, 한국노동연구원.

4 존 롤즈(에린 켈리 엮음, 김주휘 역), 『공정으로서의 정의 – 재서술』, 이학사, 2016, 90-91면.

5 최은정, "교육을 통한 가구소득의 세대간 이전에 관한 연구", 부경대학교일반대학원 경제학과박사학위논문, 2012.

6 조윤서, "대학명성이 임금에 미치는 영향 분석", 「교육재정경제연구」 제22권 제1호, 한국교육재정경제학회, 2013.

7 이필남·김경년, "대학생 학자금 대출이 초기 노동시장 성과에 미치는 영향", 「교육재정경제연구」 제21권 제2호, 한국교육재정경제학회, 2012.

8 「참여연대 이슈리포트」(2019.3.7.), "학자금 대출 무이자 제도 도입의 필요성", 27면.

9 다음 단락의 통계는 양정승, "지난 10년간 4년제 대학생의 대학생활 변화", 「KRIVET Issue Brief」(2017.6.15.), 한국직업능력개발원.

10 헌법재판소 2003.9.25. 선고 2002헌마519 결정.

11 「매일경제」(2019.1.4.), "주휴수당의 역습 알바 쪼개기…'사장님이 주 2일만 나오래요.'"

12 의자놀이와 관련한 그림은 양승광, "미취업 청년의 노동권 보장에

관한 연구", 성균관대학교법학전문대학원 박사학위논문, 2018에서
인용.

13   한동우, "노동이라는 신화와 생활세계의 탈환", 「월간 복지동향」 제
225호, 참여연대 사회복지위원회, 2017, 18면.

14   버트런드 러셀(송은경 역), 『게으름에 대한 찬양』, 사회평론, 2011,
33면.